经学通论

龚道耕 著
李冬梅 整理

巴蜀书社

图书在版编目（CIP）数据

经学通论 / 龚道耕著；李冬梅整理. —成都：巴蜀书社，2025.3.

（巴蜀百年学术名家丛书）

ISBN 978-7-5531-2138-3

Ⅰ. ①经… Ⅱ. ①龚… ②李… Ⅲ. ①经学－研究 Ⅳ. ①Z126.27

中国国家版本馆 CIP 数据核字（2024）第 006131 号

经学通论
JINGXUE TONGLUN

龚道耕　著
李冬梅　整理

责任编辑	王承军
责任印制	田东洋　谷雨婷
封面设计	冀帅吉
出版发行	巴蜀书社
	成都市锦江区三色路 238 号新华之星 A 座 36 层
	邮编：610023
	总编室电话：(028)86361843
	发行科电话：(028)86361852
网　　址	www.bsbook.com
照　　排	四川胜翔数码印务设计有限公司
印　　刷	成都东江印务有限公司
版　　次	2025 年 3 月第 1 版
印　　次	2025 年 3 月第 1 次印刷
成品尺寸	130mm×210mm
印　　张	6.125
字　　数	125 千
书　　号	ISBN 978-7-5531-2138-3
定　　价	52.00 元

本书若有印装质量问题，请与本社发行科联系调换

前　言

已故著名学者李学勤先生曾言,晚清以后,中国传统文化发展的中心位置有两个,一个是湘学,一个是蜀学,湘学与蜀学是在晚清新形势下形成的人文研究的两大中心。舒大刚先生也曾言,近代蜀学曾经给中国儒学带来新气象,并将中国儒学引入新阶段,值得人们好好研究,仔细品味。诚然,晚清以至民国时期,由于尊经书院等的创办,以及张之洞、王闿运的倡导,近代蜀学有了又一次复兴和繁荣。而在近代蜀学名家当中,龚道耕(1876—1941,字向农,四川成都人)博学深渊,通鉴别裁,不仅是近代四川高校的知名教授,亦是近代中国著名的学术大家、蜀学的重镇人物、一代经学大师。他平生不喜仕进,精力倾注于教育事业和学术研究。一生任教于四川多所中学和高等学校,除了曾经担任成都师范大学的校长外,还在当时的华西协合大学、光华大学等校长期任教,培养和造就了大批杰出人才,深为学人景仰。如著名敦煌学家、文献学家、语言学家姜亮夫,著名音韵学家、语言学家殷孟伦,著名文史学家徐仁甫、潘慈光等,皆出其门,诸人终身以师事龚先生为荣。即如著名文学家、文史专家程千帆、沈祖棻夫妇,也都以师礼拜见龚先生。故人称"著述行天下,弟子遍蜀中"。

龚道耕学问渊博,勤于著述,学贯四部,平生所著论著140余种,自《仓》《雅》《说文》、音韵、训诂,以及经注、经疏,辑遗校勘,无不涉猎。龚先生长孙龚读籀(龚师古)《先王父向农府君学行述略》云:"府君于学无所不窥,早岁治小学考据,及《流》《略》纂辑。年十七,已有《释文叙录集证》之作。尝辑补《仓颉篇》《字林》之属,已梓行世。又校辑古佚子为《最录》,得若干种。为文规模八代,诗效温、李,有《八代文钞》《严辑全文校补》《研六廎诗文初稿》《蛛隐庐文存》《丁未述征集》等。"[1]友人庞俊《记龚向农先生》也谓:"(道耕)自以名家年少,素多藏书,有园池之胜,发奋力学,自《苍》《雅》、群经、诸子家言、乙部掌故,及当代典制、朝野轶闻,莫不浃熟穿穴,仰取俯拾,日有造述。年未三十,成书数十种,由是知名。"[2]其《成都龚向农先生墓志铭》又说:"甫逾立年,造述有斐,扃箧至数十种。自《苍》《雅》训故、九流家言、乙部掌故,下及当代典制、朝野轶闻,浃熟贯通,无不宣究。尤好群经,兼综今古。于时

---

[1] 龚读籀:《先王父向农府君学行述略》,载《志学月刊》第6期,《龚向农先生逝世纪念专号》,1942年6月15日。

[2] 庞俊:《记龚向农先生》,载《国文月刊》第58期,开明书店,1947年。

巨儒井研廖氏、仪征刘氏并有重成名。"①弟子徐仁甫《龚先生著述目录·序》亦谓："先生年十四五，即好纂述，未及三十，成书至数十种。壮岁以后，撰述虽不似昔日之勇，然亦未尝稍废。"②可见，龚道耕先生不仅少年天才，而且勤于著述，尤好群经。

龚道耕治学又不拘家法，汉宋兼主，今古并治，左右采获，卓然成一大学宗。先生晚年尝作《礼记郑氏义疏〉发凡》，有云："以正其训诂，寋取先儒理学，以发其精微，破汉宋门户之成见，合义理考据为一家。庶于经义，或有所当。"③又云："儒生政论之斟酌古今，大夫风操之自为节度，苟大旨于经无畔，亦复存而不革。概以今文、古文为别，殊不足以括之。"④先生平生最服膺汉代经学大师郑玄，不仅著有《最辑郑君别传》《郑君年谱》《郑君著述目录》，而且凡郑氏遗文之可考者，皆一一为之疏通证明，又名其堂曰"希郑堂"。郑玄注经，综合今古，先生为学，亦似郑玄，故可知其平生治经之门径，实乃汉宋兼宗，不废今古。

---

① 庞石帚：《成都龚向农先生墓志铭》，载《成都大学学报》（社科版）1987年第4期。
② 徐仁甫：《龚先生著述目录》，载《志学月刊》第6期，《龚向农先生逝世纪念专号》，1942年6月15日。
③ 龚道耕：《〈礼记郑氏义疏〉发凡》，载《志学月刊》第3期，1942年3月15日。
④ 龚道耕：《〈礼记郑氏义疏〉发凡》，载《志学月刊》第1期，1942年1月15日。

长孙龚读籀《先王父向农府君学行述略》记述说，先生"年始十四，已毕群经诸子，兼通乙部。尝读甘泉江藩《汉学师承记》，色然喜，因是颇明清儒汉学统系，自谓一生治经，根柢于此"。"中岁专力经史，尝致书赵先生少咸，道其事。……治经宗今文，然未尝诋古文不为，如近世衍常州今之末流者，亦不存汉、宋门户之见，欲合义理、考据而为一家。而于郑学之博综古今，渊懿朴茂，尤尊崇之，故于高密遗书，多所疏证，后得善化皮鹿门所著诸书，读之乃废不为。"①故先生出入汉宋、今古并治，与当时大儒井研廖季平、仪征刘师培上下讨论，互有辩论。"先生高揖其间，容色晬然，及所发正，不为苟同，斯所谓深造自得者乎！"②故而论者多重其学。

然而由于龚先生长期僻处西陲，著述很少刊行，高论卓识，往往为他家所先，故至今鲜有知其独特者。又以天不假年，猝然长逝，著作未经整理，遗稿多已无存，故其嘉言谠论，亦随之云散风收。因此，令人遗憾的是，在近世的种种研究中，这位博学渊深、学贯四部、不废今古、独具通识的大儒被学人忽略了。除了在其逝世后，龚读籀《先王父向农府君学行述略》《先祖父龚向农先生生平简述》、

---

① 龚读籀：《先王父向农府君学行述略》，载《志学月刊》第6期，《龚向农先生逝世纪念专号》，1942年6月15日。
② 庞石帚：《成都龚向农先生墓志铭》，载《成都大学学报》（社科版）1987年第4期。

庞俊《记龚向农先生》《成都龚向农先生墓志铭》、徐仁甫《龚先生著述目录》、潘慈光《龚向农先生传》、周积厚《龚向农先生生平事略》、朱旭《龚道耕》、姜亮夫《学兼汉宋的教育家龚向农》、唐振常《记一代经学大师龚向农先生》、吴晓鸣《悠扬弦歌与蜀中大儒——成都县立中学校歌与校长龚向农》等文对其生平事迹略有记载外，对其学术研究的关注还一直处于空白。直到21世纪初，学人才渐渐开始关注这一课题，进行学术研究。如舒大刚先生撰有《一位不该被遗忘的经学家——略论龚道耕先生的生平与学术》《龚道耕学术成就刍议》《略论龚道耕先生的生平与学术》（与笔者合著），首次介绍、分析、归纳龚氏的生平和学术特征。另邱奎撰有《龚道耕〈经学通论〉学术成就刍议》《成都龚向农先生〈经学通论〉盍述》，以及笔者编著有《龚道耕儒学论集》《龚道耕学术年谱》《龚道耕论著目录索引》《龚道耕传记资料目录索引》《龚道耕编撰〈郑君年谱〉校正》《龚道耕现存四部学术著作叙录》《近代蜀学大家龚道耕的〈诗经〉学研究》《蜀学大儒龚道耕先生的经学沿革略说》《略论龚道耕先生的〈尚书〉学研究》等，首次对龚先生的儒学论著进行整理、学术生涯进行考述、撰著和研究资料进行搜集、学术成果进行研究。除此之外，尚无专书、专文对龚氏其人其学进行专门系统的学术研究和整理。

20世纪80年代初，四川省古籍整理出版小组在制订

1983—1990年出版规划时,曾计划新编《龚道耕集》,点校《经学通论》,然四十年的时间倏然而逝,这一计划至今仍未实现。为弥补此缺,彰显龚氏学术,笔者拟以《经学通论》为切入点,对其进行校点、勘正,期望在文献整理的基础上,彰显龚道耕先生的学术成就与特色。

《经学通论》系龚道耕先生任教成都高等师范学校时,在所编经学讲义的基础上撰写而成的一部经学概论著作。是书卷首有华阳林思进丙寅(民国十五年,1926)二月《叙》,述及撰著大略和刊刻缘由,云:"方庚子、癸卯之际,吾与龚君相农年皆盛壮,亦尝稍稍窥览其域。退而审谛,知不必然,陵夷至今,猥怪之说,视昔尤众,凡当日号称闻人巨子者,莫不俯首却行,仰号令为进退。呜呼!学之不讲,乃至是乎!今者群咻渐止,读经之声稍传庠序,而相农以经教授吾蜀高等师范者十年矣。其揩柱飙狂涛骇中者最久,于是有《经学通论》之作。诸弟子著录者,亦并服膺师说,惟恐或失,请于君,得印行之。"①成都高等师范学校创建于1916年,先生于是年起在此任教,为诸生讲授经学,历时十年之久。在其所编经学讲义的基础上,故有《经学通论》之作。

是书因刻印版本不同,或分四卷,或不分卷次,共设

---

① 林思进:《经学通论叙》,载龚道耕《经学通论》卷首,1929年成都维新印刷局三版重印本。

《群经名义》《群经篇目》《经学沿革略说》《群经学说》四个章节。其中《群经名义》分"总释经名""周易""尚书""诗""礼""春秋""后世七经十三经之名"七节,先总释经名,再分释诸经命名之义,并进而阐释七经、十三经之名来历。《群经篇目》分"周易篇目""尚书篇目""诗经篇目""礼经篇目""礼记篇目""周官礼篇目""春秋篇目""孝经篇目""论语篇目""孟子篇目""尔雅篇目"十一节,介绍了十三经古今篇目次第的分合改易。《经学沿革略说》分"经学始于孔子""晚周秦代经学""汉初至元成时经学""哀平至后汉经学""郑氏经学""魏晋经学""南北朝经学""隋及唐初经学""中唐以后至北宋经学""南宋元明经学""明末清初经学""清乾嘉经学""道咸以后经学"十三节,按经学发展脉络阐述各时期经学流变,可谓一部简明中国经学史。《群经学说》分"周易""尚书""诗""礼""春秋"五节,介绍诸经之大要,如名家名著、治经方法等,条清理晰,多有创见。

《经学通论》简明扼要地论述了经学的基本问题和主要内容,可谓是研治经学的入门津途。而其中的某些论断,亦颇具特色,多中肯綮。以论中国经学史的分期为例,其与皮锡瑞《经学历史》的十期分法相比较,实有出人意表者。如将"郑氏经学"划分为一个时期,龚先生说:"兼用今古两家之学而会通为一者,郑玄是也。……黄初以后,郑学遂立博士。……自建安以及三国,数十年中,今古两学皆微，而郑氏学统一天下矣。……自兹以后，经学惟有郑学、非郑学两派，而无复今古之辨矣。"①以一个经学人物统领一个时期，这还真是一个前无古人后无来者的分法。

再如，不是简单地以两汉或者西汉、东汉划分两汉时期的经学，而是细致地划分成"汉初至元成时经学""哀平至后汉经学"两个时期，指出："汉代之经学，皆传自秦代者也。……西京一代，诏令所引，奏疏所述，民间所业，皆博士所职之经，官师合一，无复歧途。……此西京经学之所以称盛也。……由哀平以后，至后汉之末，二百年中，经学之争议，则今古文是也。今文之名，始于后汉。古文之名，始于西京之季。"②从两汉时期经学的发展脉络而言，从今文经学的形成、嬗变以及古文经学的兴起、今古文经学之争，再到郑学的小一统，龚道耕先生遵循学术的发展脉络，依据历史事实进行学术分期，的确是比较恰当的做法。其他如"隋及唐初经学""中唐以后至北宋经学""南宋元明经学""明末清初经学""道咸以后经学"等分期，大体也是遵循了这一思路。

蒙文通先生研究史学史，最注重通识，其"通观达识，明其流变"的史学思想为众所周知。蒙先生说："讲论学

---

① 龚道耕：《经学通论·经学沿革略说》。
② 龚道耕：《经学通论·经学沿革略说》。

术思想,既要看到其时代精神,也要看到其学脉渊源,孤立地提出几个人来讲,就看不出学术的来源,就显得突然。"①诚然,讲学术史更应当关注学术自身的流变和发展轨迹,不能简单、粗暴地仅以朝代的更替来论述,因为一种学术的兴起和终结,与一个朝代的建立和灭亡并不是在一个完全相同的时间轴上,学术的发展和演变有其自身的理路。因此,龚道耕先生对中国经学史的分期,能够以学术演变的脉络为准,注意到每个时期的不同特点,是非常理智、正确的做法,这相较于仅以朝代废兴而分期者实更具特识。舒大刚先生于此就给予了高度的评价,他说:"历观龚氏的十三个分期,其中固然有按时代或朝代划分者,有的也是约定俗成的,如'晚周秦代经学''魏晋经学''南北朝经学''清乾嘉经学'等。但是,更多的则是将一个朝代分成前后两段,或将几个朝代合成一个时段,如'汉初至元成''哀平至后汉''隋及唐初''中唐以后至北宋''南宋元明经学''明末清初''道咸以后'等;有的甚至将一个人划分为一个时代,如'孔子''郑玄'等。这样划分看似零乱,时间长短也不一致,其实有他自己的理由,而且更能体现学术之萌芽、转变和盛衰之真正面貌,

---

① 蒙默编:《蒙文通学记》,生活·读书·新知三联书店,1993年,第32页。

更能看出学术典范转换之轨迹。"[1]龚道耕先生的友人庞俊在评论其《经学通论》一书时说:"明经学流变,秩如有条,视皮鹿门《经学历史》,有过之无不及也。"[2]即指此而言。诸如此等创见,尚有许多,故是书颇受当时学界重视,一时成为成都各大中学校的通用教材。

《经学通论》初刻于民国十六年(1927),此后重印重刻本较多,如1929年成都维新印刷局三版重印本、1947年成都薛崇礼堂刻本等,此外还有《民国时期经学丛书》第二辑影印薛崇礼堂本等。本次即以1929年成都维新印刷局三版重印本为底本进行整理,纳入巴蜀书社之"巴蜀百年学术名家丛书",期望借此引起学人对龚道耕先生其人其学的重视,以彰显其博大精深、通贯执中的学术成就。

---

[1] 舒大刚:《龚道耕儒学论集·序》,载李冬梅选编《龚道耕儒学论集》卷首,成都:四川大学出版社,2010年,第22—23页。

[2] 庞俊:《记龚向农先生》,载《国文月刊》第58期,开明书店,1947年。

目　录

经学通论

叙 / 3

群经名义 / 5

群经篇目 / 14

经学沿革略说 / 36

群经学说 / 71

经学论文选

三家《诗》无《南陔》六篇名义说 / 117

《狸首》逸诗辨 / 122

《唐写残本〈尚书释文〉考证》叙 / 126

书《古文尚书疏证》后 / 127

补《礼经》宫室例 / 130

妇为舅姑服三年辨 / 132

妇为夫之姊之长殇服义质 / 135

论《丧服经传》二篇 / 137

《丧服经传五家注》叙 / 140

《礼记郑氏义疏》发凡 / 143

《礼记郑氏义疏》叙例 / 152

《孝经郑氏注》非郑小同作辨 / 162

书《说文新附考》后 / 165

《唐写〈玉篇〉残卷引〈说文〉考》序 / 167

《字林补本》存疑 / 168

《字林考逸补遗》序 / 177

《字林考逸校误》序 / 178

《说郛字林附录》跋 / 179

经学通论

叙

自经术不明，而天下甚乱不治，至今日益见矣。非谓经之用必适于今，盖三代异姓受命，可得变者，服色、徽号、粗迹；不得变革者，大纲、人伦、风俗、文义而已。而惑者乃欲于其不可者一切变革之，此天下所由甚乱不治也。岂非然哉！岂非然哉！往者汉儒尝假经义治事，而辕固生独戒公孙弘，毋曲学以阿世。知当时大师颛门笃守，谓经术所贵者在彼不在此，西京家法然也。自夏侯长卿始为左右采获，意主应敌，已启郑学坛宇。迄高密遍注群经，沟合今古，晋魏而降，莫越斯律，则儒者经世大要，未尝不藉以证成。宋元至明，去圣益远，一混于道学，再淆于制义，虽经术早绝，望道不至，然其范人心而尊节概，扶翼之效，未可诬也。清代经师至盛，名物制度、大义微言，斐然两京之旧矣。值国势阽弱，欧说东渐，哗世之士，不能究极中失，而更归非坟籍。方庚子、癸卯之际，吾与龚君相农年皆盛壮，亦尝稍稍窥览其域。退而审谛，知不必然。陵夷至今,猥怪之说,视昔尤众,凡当日号称闻人巨子者,莫不俯首却行,仰号令为进退。呜呼!学之不讲,乃至是乎!今者群咻渐止,读经之声稍传庠序,而相农以经教授吾蜀高等师范者十年矣。其搘柱飙狂涛骇中者最久,于是有《经学通论》之作。诸弟子著录者,亦并服膺师说,惟恐或失,请于君,得印行之,而丐予为叙。予既终籀①其编,渊懿矜慎,无几微不惬吾意者,质之天下后世,犹可矣,更何待赞一辞?故独推论经体之大,知其于治乱毋弗贯,则学者可以深长思而求善乎。翼奉之言曰:"贤者见经,然后知人道之务,《诗》《书》《易》《礼》《乐》《春秋》是也。"奉可谓明其本柢矣。彼势物之徒,乐变嚣嚣,然日以乱天下为事者,又恶足与于斯!

丙寅二月,华阳林思进撰

---

① "籀",原作"籀",今据文意改。

群经名义

(一)总释经名

《周易》曰:"云雷,屯。君子以经论。"郑玄注曰:"谓论撰《诗》《书》《礼》《乐》,施政事。"(陆德明《周易释文》)此"经"名所由昉。《管子·戒篇》:"泽其四经。"尹知章注:"谓《诗》《书》《礼》《乐》。"此六经称"经"所由昉。《释名》曰:"经,径也,常典也,如径路之无所不通,可常用也。"然此尚非其本义。《说文》曰:"经,织,从丝也。"古者以简策为书,必以丝绳联贯之,故从其质而名之曰"经"。犹佛书称"修多罗",亦因彼以贝叶写经,用丝绳联贯也(佛书偈云:"经纬及涌泉,绳墨线贯穿,是为修多罗,甚深微妙义。"此言佛书称"经"。具此五义,实则"线"为本义,余皆推衍之说耳)。说"经"之书谓之"传","传"与"专"同。《论语》:"传不习乎?"鲁读"传"为"专"(见《论语释[①]

---

① "释",原作"绎",今据文意改。

文》)。《说文》曰:"专,六寸簿也。"郑玄《论语序》曰:"《春秋》策二尺四寸,《孝经》谦半之,《论语》策八寸,又谦焉。"刘向校《古文尚书》,简有二十五字者,有二十二字者。服虔说古文《左传》,一简八字。是古经简策较长,而亚于经者,其策较短。至传,则每简八字,正所谓"六寸簿"矣。(以上略本章炳麟说)"经"之始名,盖未甚尊,儒家之外,道家、墨家、兵家之书,皆称之。《汉志》有《老子邻氏经传》《傅氏经说》,《墨子》有《经》及《经说》上下,而《庄子》言苦获、邓陵诵《墨经》,《管子》书前九篇题为"经言",李悝有《法经》,《国语》"挟经秉枹",韦昭释"经"为"兵书"是也。自儒学统一,学者乃尊严经名而不敢僭。扬雄之《太玄》,孔衍之《尚书》,王通之《王氏六经》,皆为学者所讥矣。

(二)《周易》

《周官》:"太卜掌'三易'之法,一曰《连山》,二曰《归藏》,三曰《周易》。"杜子春曰:"连山伏羲,归藏黄帝。"郑玄曰:"夏曰《连山》,殷曰《归藏》。《连山》者,象山之出云,连连不绝也。《归藏》者,万物莫不归藏于其中也。《周易》者,言《易》道周普,无所不备也。"孔颖达曰:"郑氏此释,更无所据之文。案《世谱》等群书,神农一曰连山氏,亦曰烈山氏,黄帝一曰归藏氏,既并是代号,则《周易》称周,取岐阳地名。"是《周易》之名,古有二说。案《郑志》答赵商问云:"《连山》《归藏》,近师皆以为夏、殷。"是则杜子春说已为孤证。孔氏据《世谱》以连山为神农,复与杜义乖迕。且连山氏之《易》即谓之《连山》,归藏氏之《易》即谓之《归藏》,是《周易》亦可谓之《周》乎?《系辞》曰:"《易》之为书也,不可远,其为道也屡迁。变动不居,周流六虚,上下无常,刚柔相易。"郑氏本之,以释"周易"之义,而孔氏以为无所据,谬矣。(以上略本定海黄以周说)然而卦爻之义,以"易"为主,兼名则曰"周易",单名则曰"易"。自《系辞》而下,皆言"易"而省"周",以此故也。"易"本"蜥易"之字,引申假借为"难易""变易"之义。《易·乾凿度》曰:"易一名而函三义。所谓易也,变易也,不易也。易者,其德也。变易者,其气也。不易者,其位也。"郑玄《易赞》本之,盖《易》家释"易"名之古说。《说文》:"《秘书》说:'日月为易,象阴阳也。'"与《参同契》合,斯又《易》家之别传矣。

(三)《尚书》

《周官》:外史"掌①三皇五帝之书"。《书》之所起,远矣。其称曰《尚书》者,《书纬璇玑钤》曰:"尚者,上也。上天垂文,以布节度,如天行也。"(《史通·六家篇》)郑玄《书赞》本之,曰:"孔子撰《书》,尊而命之曰尚。尚者,上也,盖言若天书。"然此盖今文家说(本臧琳《义杂记》②),

---

① "外史掌",原作"外掌史",今据《周礼·春官·外史》乙正。
② 即臧氏《经义杂记》。

郑氏少变其文也。马融曰："上古有虞氏之书，故曰《尚书》。"王肃曰："上所言，下为史所书，故曰《尚书》。"此当是古文家说。义虽与郑不同，然皆释"尚"为"上"，并谓其名为孔子所命。至伪孔安国《序》曰："伏生以其上古之书，谓之《尚书》。"则窃马义而以为伏生所名，非旧说矣。

（四）《诗》

孔颖达曰："名为诗者，《礼记·内则》说负子之礼云'诗负之'，注云：'诗之言承也。'《春秋说题辞》云：'在事为诗，未发为谋，恬澹为心，思虑为志。诗之为言志也。'《诗纬含神雾》云：'诗者，持也。'然则诗有三训，作者承君政之善恶，述己志而作诗，为诗所以持人之行，使不失坠，故一名而三训也。"案《诗序》曰："诗者，志之所之也。在心为志，发言为诗。"《礼记·乐记》曰："诗，言其志也。"《说文》《释名》皆本此说，"志"之一义，当为达诂。《诗纬》之说，则就诗之用言之。至"承"之一训，乃别一义，与诗无与也。

（五）《礼》

黄以周《礼书通故》曰："孔颖达云：'《周礼》见于经籍，其名异者有七处。《孝经说》云"礼经三百"，一也。《礼器》云"经礼三百"，二也。《中庸》云"礼仪三百"，三也。《春秋说》云"礼义三百"，四也（各本俱误作"礼经三百"，则与《孝经说》同。《春秋传》曰："是以有动作、威仪、礼义之则。"《春秋说》本此)。《礼说》云"有正经三百",五也。《周官外题》谓为《周礼》,六也。《汉·艺文志》云"《周官经》六篇",七也。七者皆云"三百",故知俱是《周官》。《周官》三百六十,举成数,故云"三百"也。《仪礼》之别,亦有七处,而有五名。一则《孝经说》《春秋说》及《中庸》并云"威仪三千",二则《礼器》云"曲礼三千",三则《礼说》云"动仪三千",四则谓为《仪礼》,五则《艺文志》谓《仪礼》为《古礼经》。凡此称谓,并承三千之下,故知即《仪礼》也。非谓篇有三千,但事之殊别有三千条耳,或一篇一卷则有数条之事。'朱熹云:'郑玄等皆曰:"经礼"即《周礼》,"曲礼"即《仪礼》。独臣瓒曰:《周礼》三百,特官名耳。"经礼"谓冠昏吉凶,盖以《仪礼》为"经礼"也。而近世叶梦得曰:"经礼"制之凡也,"曲礼"文之目也。……愚意诸儒之说,瓒、叶为长。盖《周礼》乃制治立法、设官分职之书,于天下无不该摄,礼典固在其中,而非专为礼说也。故《汉志》但曰《周官》,而不曰《周礼》。自不应指其官目以当礼篇之目,又况其中或以一官兼掌众礼,或以数官通行一事,亦难计其官数以充礼篇之数。至于《仪礼》,则其中冠昏、丧祭、燕射、朝聘,自为礼经大目,亦不容专以"曲礼"名之也。……又考"经礼"固即今之《仪礼》,其存者十七篇,而其逸见于他书者,犹有《投壶》《奔丧》《迁庙》《衅庙》等篇。曲礼则皆礼之微文小节,如今《曲礼》《少仪》《内则》《玉藻》《弟子职》篇所记。'以周案:

古人于《仪礼》单曰《礼》，对记言则曰《经》，其中古文曰《古经》。《周礼》止曰《周官》，对传言曰《周官经》。《说文叙》曰其称《礼》《周官》①，皆古文。《汉·艺文志》：《礼古经》五十六篇、《经》十七篇、《周官经》六篇、《周官传》四篇。《景十三王传》曰《周官》《尚书》《礼》《礼记》《孟子》《老子》之属，并未有《仪礼》《周礼》之名。自刘歆始建立《周官经》以为《周礼》，于是《周官》有《周礼》之名。而十七篇尚不称《仪礼》也。后人又误以'曲礼三千'为《仪礼经》，于是名《礼经》为《仪礼》。经义既谬，经名亦因之不正矣。《后汉书·郑玄传》云：'所注《周易》《尚书》《毛诗》《仪礼》《礼记》《论语》《孝经》。'举郑所注，不应遗《周官》。盖'仪礼'二字，乃'周官礼'三字之误，或者遂谓《仪礼》之名郑君所定。"斯语失实。郑注群经，引《礼经》文，皆直举篇名，不云《仪礼》。其注《礼器》，以"曲礼"为《仪礼》，则云谓《今礼》也，仍不名之为《仪礼》。《郑志》为郑学之徒所记，其引《礼经》亦不云《仪礼》。今本《礼注》大题《仪礼》，当是东晋人所加。又案：《礼经》古只称《礼经》，五十六篇皆古文，对今文言之曰《礼古经》，见《汉志》。十七篇为今文，别古文言之曰《今礼》，见郑君《礼器注》。古文《礼》与《记》各自为书，今文家《记》附于《礼》，亦称之曰《礼记》。《诗》郑笺引《少牢礼》"主人髺髮"，《尔雅》郭注

---

① "礼周官"，原作"周礼官"，据《说文解字》卷一五《序》乙正。

引《士相见礼》"妥而后传言"、《有司彻》"厞用席"、《丧服传》"苴麻之有蕡"者,并曰《礼记》是也。汉初,传今文者有大戴、小戴、庆氏三家,其本各异,当时别其家法,又称之曰《大戴礼》《小戴礼》,郑君《目录》所谓大戴第几、小戴第几是也。《后汉·儒林》云:"康成本习《小戴礼》,后以《经》校之,取其义长者为郑氏学。"下又别言注《小戴礼记》四十九篇,则所云《小戴礼》即十七篇也。自东汉三礼之名出,《礼》为《周官》《礼》《礼记》之总名。而西汉五十六篇之专名,反为《周官》《礼记》所混。自魏晋号四十九篇为《礼记》,亦谓之《小戴礼》,而东汉十七篇之名《礼记》、名《小戴礼》者,又为四十九篇《戴记》所夺,于是别号之为《仪礼》,实不为典。

(六)《春秋》

《春秋》之名,见于《左氏传》(昭二年,韩宣子来聘,见《鲁春秋》)、《国语》(《晋语》司马侯言羊舌肸习于《春秋》。又《楚语》申叔时论傅太子之法,云教之以《春秋》)、《管子》(《权数篇》:"《春秋》者,所以纪成败也")、《墨子》(《明鬼篇》有燕、周、宋、齐之《春秋》)、《庄子》(《天下篇》:"《春秋》经世先王之志")等书。盖古史编年纪事之通名,孔子笔削,因仍其称。说其义者有三:"春为阳中,万物以生;秋为阴中,万物以成。取法阴阳之中,欲使人君动作不失中,故曰《春秋》"者,《三统历》《春秋纬》之说,而贾逵衍之者也(见《左传正义》及《公羊疏》);"哀十四年春,西狩获

群经名义 ·11·

麟,作《春秋》。九月,书成。以其春作秋成,故云《春秋》"者,《春秋纬》之说也(见《公羊疏》);"史之所记,必表年以首事,年有四时,故错举以为所记之名"者,杜预《春秋左传序》之说也。诸说中,自以杜说为最通,故唐宋以来皆用其义。

(七)后世七经、十三经之名

古称六经合六纬,谓之十二经,《庄子·天道篇》孔子繙十二经以见老子是也。去《乐》①则为五经,《易》《书》《诗》《礼》(今《仪礼》)《春秋》是也。汉人入《孝经》《论语》,谓之七经,《后汉书》赵典学七经是也。唐代作《五经正义》,则以《礼记》冒《礼经》,而宋、元、明、清承之。其立学试士,则以《礼》《周官》《礼记》为三礼,《春秋左氏》《公羊》《穀梁》为三传,合《易》《书》《诗》谓之九经。文宗开成时刻石国学,则并《孝经》《论语》《尔雅》为十二经(其时称九经,并《孝经》《论语》《尔雅》,尚无十二经之名)。宋初,升《孟子》为经(《玉海》云国朝以《孟子》升经,而不言当何帝时。翟氏灏以为当在宋初,说详所撰《四书考异》),则为十三经。又尝入《大戴礼记》为十四经(见史绳祖《学斋占毕》)。此外著述,随文立名,不复具引。要之,经之名止于六,经之实止于五,其他皆诸子传说之附于经者耳(说详龚自珍《六经正名论》)。《汉书·艺文志·叙》:六

---

① "乐"字原无,今据文意补。

艺为九种，以六经为主，而以《论语》《孝经》、小学为经之副贰。斯为当矣（朱子取《论语》《孟子》及《礼记》中《大学》《中庸》二篇，谓之四子书，而不云经，颇合古义）。

群经篇目

（一）《周易》篇目

《易》分上、下篇，上经始《乾》终《离》，为卦三十；下经始《咸》终《未济》，为试三十四，此周秦以来旧本也（《系辞》已云二篇之策，则经分上、下，自是古本，宋晁说之以为妄，非也）。《汉书·艺文志》云："《易经》十二篇，施、孟、梁邱三家。""十二篇"下，当脱"经二篇"[①]三字。十二篇者，古文也。二篇者，今文也。今文只有上、下经，故《志》所载周王孙、服光、杨何、王同之《传》，施、孟、梁邱之《章句》，皆二篇（《经典释文叙录》，《孟喜章句》十卷，无《上系》，《京房章句》十二卷，似孟、京并有十翼。然《汉志》载《孟氏章句》二篇、《孟氏京房》十一篇、《孟氏京房灾异》六十六篇，初无《京房章句》，六朝人所见，未必孟、京原本）。费氏古文《易》则合十翼为十二篇，《儒林传》云：

---

① 原作"二经篇"，据文意当作"经二篇"，今改正。

费直《易》"无章句,徒以《彖》《象》《系辞》十篇之言解说上、下经"("之言",旧误"文言",据王树枏校改),是其明证。故《志》分别言之。《志》于《尚书》云:《尚书古文经》四十六卷,《经》二十九卷,大小夏侯二家,《欧阳经》三十二卷。于《经》①云:《礼古经》五十六卷,《经》十七篇("十七",旧误"七十",刘敞已校正),后氏、戴氏。于《春秋》云:《春秋古经》十二篇,《经》十一卷,公羊、穀梁二家。皆先言古文,后言今文,《周易》例亦当同(《志》于《诗》独以《毛诗》及《训故传》附末,盖班氏颇不以毛为然,观《志》中"自谓子夏所传"一语可见)。学者习见费氏本,故辄删"经二篇"三字耳。东汉以后,费《易》盛行,于是《易》以十二篇为定本,然经、传尚未合也。自王弼引《彖》《象》《文言》附于经文,而经、传遂淆(或以为始自郑玄,盖据《魏志·高贵乡公纪》。然细绎《纪》文,高贵乡公发问之意,谓《彖》《象》不与经连,而郑之注文与经连耳。且所谓《彖》《象》不与经连,正是据郑本言之。淳于俊对语,郑玄合《彖》《象》于经云云,盖史驳文。《释文叙录》引《七录》,《周易郑玄注》十二卷,是郑注未合《彖》《象》之证。其一作九卷者,盖六朝人依王弼本并之。丁小雅、张皋文集《郑易注》,皆用王本,非也)。唐修《正义》,承用其本。宋吕祖谦依《汉志》考定《古周易》,为之音训。朱子据之以

---

① 即《礼》。

作《本义》，始复费氏之旧。元人董楷作《周易传义附录》，又改朱以就程（程子《易传》用王弼本）。后之刊本，义者仍之，而不知非朱子原本也。今列费、王两本卷帙同异如后，若夫鼎祚《集解》移《序卦》于篇端，程迥《易考》删《序卦》与《杂卦》（见《文献通考》），既非通行，不复具录。

《周易》十二篇本	王弼、韩康注九卷①本
经上第一（乾、坤、屯、蒙、需、讼、师、比、小畜、履、泰、否、同人、大有、谦、豫、随、蛊、临、观、噬嗑、贲、剥、复、无妄、大畜、颐、大过、坎、离）	上经乾传卷一（文言附） 上经泰传卷二 上经噬嗑传卷三
经下第二（咸、恒、遁、大壮、晋、明夷、家人、睽、蹇、解、损、益、夬、姤、萃、升、困、井、革、鼎、震、艮、渐、归妹、丰、旅、巽、兑、涣、节、中孚、小过、既济、未济）	下经咸传卷四 下经夬传卷五 下经丰传卷六
彖上第三	
彖下第四	
象上第五	
象下第六	
系辞上第七	上系卷七
系辞下第八	下系卷八
文言第九	说卦、序卦、杂卦卷九
说卦第十	
序卦第十一	
杂卦第十二	

---

① "九卷"，原脱"卷"字，今据文意补。

(二)《尚书》篇目

《尚书》有今文,有古文,有伪古文。今文篇目,其异说有二。有以伏生《书》只二十八篇,加《泰誓》为二十九篇者;有以伏生本二十九篇,不数《泰誓》者。考《史记》《汉书》"儒林传"及《汉·艺文志》,屡言伏生得二十九篇,是伏生《书》为二十九篇甚明。二十九篇:一《尧典》、二《皋陶谟》、三《禹贡》、四《甘誓》、五《汤誓》、六《盘庚》、七《高宗肜日》、八《西伯戡黎》、九《微子》、十《牧誓》、十一《洪范》、十二《金縢》、十三《大诰》、十四《康诰》、十五《酒诰》、十六《梓材》、十七《召诰》、十八《洛诰》、十九《多士》、二十《无逸》、二十一《君奭》、二十二《多方》、二十三《立政》、二十四《顾命》、二十五《康王之诰》、二十六《费誓》、二十七《吕刑》、二十八《文侯之命》、二十九《秦誓》是也。《别录》曰:"武帝末,民有得《泰誓》书于壁内者,献之,与博士,使读说之,数月皆起传以教人。"(《尚书正义》《文选注》引)《论衡》云:"孝宣时,河内女子发老屋,得《尚书》一篇,奏之,宣帝下示博士,而《尚书》二十九篇始定。"二说虽微异,而言《泰誓》后得,则同。是《泰誓》不在伏生《书》中。武、宣以后,博士既增《泰誓》,因并《康王之诰》于《顾命》。《尚书释文》引马融说"王若曰庶邦侯甸男卫"以下,欧阳、大小夏侯同为《顾命》,是其证。而孔颖达以为伏生所合,非也。惟其合《顾命》《康王之诰》为一,故虽增《泰誓》,篇数仍二十九,除《泰誓》,则二十八,此所以有二十八篇当列宿,《泰誓》当北斗之说也(《论衡·正说篇》)。其《欧阳经》三十一卷(今本《汉志》作"三十二",误,下《欧阳章句》三十一卷可证),则分《盘庚》为三篇。武、宣后,亦合《顾命》而增《泰誓》,篇数仍同。或谓伏生二十八篇加《泰誓》三篇,故三十一者,非也。知既附《泰誓》后,与未附《泰誓》前,《经》同为二十九篇,而异议可息矣。《古文尚书》多于今文者十六篇,刘歆、班固、马融俱云然。郑注《书序》,备著其目。一《舜典》、二《汩作》、三《九共》、四《大禹谟》、五《弃稷》、六《五子之歌》、七《胤征》、八《汤诰》、九《咸有一德》、十《典宝》、十一《伊训》、十二《肆命》、十三《原命》、十四《武成》、十五《旅獒》、十六《冏命》。其中《九共》分为九篇,故又称二十四篇。是则古文合之今文,同有者共四十五篇。分《盘庚》《九共》,则五十五篇。而刘向《别录》、桓谭《新论》并云《古文尚书》五十八篇,《汉志》亦云《尚书古文经》四十六卷,为五十七篇者(师古《注》引郑氏《叙赞》云:"后又亡其一篇,故五十七。"郑注《书序》:"《武成》,建武之际亡"),或都尉朝、庸生之徒以晚出《泰誓》三篇附入古文欤?或谓古文本有《泰誓》,则民间之本与孔壁所得者正同,马融不当以后得疑之,且称之为今文《泰誓》矣(马说见《尚书正义》十一,段玉裁改"今文"为"今之",非也。龚自珍谓五十八篇为汉秘府目录,故并今古文及晚出《泰誓》数之,说亦未安。桓谭、班固皆明言古文也）。东晋古文于《尧典》分出《舜典》,于《皋陶谟》分出《益稷》,谓伏生误合,遂为三十三篇,而别造二十五篇。一《大禹谟》,二《五子之歌》,三《胤征》,四《仲虺之诰》,五《汤诰》,六《伊训》,七、八、九《太甲》,十《咸有一德》,十一、十二、十三《说命》,十四、十五、十六《泰誓》,十七《武成》,十八《旅獒》,十九《微子之命》,二十《蔡仲之命》,二十一《周官》,二十二《君陈》,二十三《毕命》,二十四《君牙》,二十五《冏命》。合之为五十八篇,与《别录》篇数虽合,而与两汉今文、古文家所述迥异,此后儒所以疑其伪也。

马郑本、伪孔本百篇次第表

马郑本	伪孔本
尧典一（以下二十篇为虞夏书）	同（以下十六篇为虞书）
舜典二	同
汩作三	同
九共四至十二	同
槀饫十三	同
大禹谟十四	同
皋陶谟十五	同
弃稷十六	益稷十六
禹贡十七	同（以下九篇为夏书）
甘誓十八	同
五子之歌十九	同

续表

马郑本	伪孔本
胤征二十	同
帝告二十一（以下四十篇为商书）	同
厘沃二十二	同
汤征二十三	同
汝鸠二十四	同
汝方二十五	同
夏社二十六	汤誓二十六（以下三十五篇为商书）
疑至二十七	夏社二十七
臣扈二十八	疑至二十八
汤誓二十九	臣扈二十九
仲虺之诰三十	典宝三十
汤诰三十一	仲虺之诰三十一
咸有一德三十二	汤诰三十二
典宝三十三	明居三十三
明居三十四	伊训三十四
伊训三十五	肆命三十五
肆命三十六	徂后三十六
徂后三十七	太甲三十七至三十九
太甲三十八至四十	咸有一德四十
沃丁四十一	同
咸艾四十二至四十五	同

续表

马郑本	伪孔本
伊陟四十六	同
原命四十七	同
仲丁四十八	同
河亶甲四十九	同
祖乙五十	同
盘庚五十一至五十三	同
说命五十四至五十六	同
高宗肜日五十七	同
高宗之训五十八	同
西伯戡黎五十九	同
微子六十	同
泰誓六十一至六十三(以下为周书四十篇)	同
牧誓六四	同
武成六五	同
洪范六六	同
分器六七	同
旅獒六八	同
旅巢命六九	同
金縢七十	同
大诰七一	同
微子之命七二	同

续表

马郑本	伪孔本
归禾七三	同
嘉禾七四	同
康诰七五	同
酒诰七六	同
梓材七七	同
召诰七八	同
洛诰七九	同
多士八十	同
无逸八一	同
君奭八二	同
成王政八三	蔡仲之命八三
将蒲姑八四	成王政八四
多方八五	将蒲姑八五
周官八六	多方八六
立政八七	同
贿息慎之命八八	周官八八
亳姑①八九	贿息慎之命八九
君陈九十	亳姑②九十
顾命九一	君陈九一
康王之诰九二	顾命九二

---

① 原作"毫姑",今据《尚书》改。
② 原作"毫姑",今据《尚书》改。

续表

马郑本	伪孔本
毕命九三	康王之诰九三
君牙九四	毕命九四
冏命九五	君牙九五
蔡仲之命九六	冏命九六
粊誓九七	吕刑九七
吕刑九八	文侯之命九八
文侯之命九九	费誓九九
秦誓一百	同

(三)《诗经》篇目

《诗》四家,今惟存毛氏,其篇目与三家盖无异同,惟《毛诗·小雅》有《南陔》以下六亡篇名,而三家《诗》无之耳(郑注《礼》时,未见《毛诗》,故云:"今亡,其义未闻。"又说:"为孔子时已亡之诗。"及笺《诗》,乃易其说,为孔子后始亡。是其证。陈乔枞辑三家《诗》,列此六篇名,非也)。郑氏《诗谱》以桧次郑上,王次豳下,此因桧为郑灭,又欲移王风与《小雅》王事之诗相近耳(《孔疏》说),或以为出三家《诗》,殊无明据。道咸以来,说《诗》者遂奋笔恣意,改定篇第,始于魏默深(《诗古微》),而极于龚孝拱(《诗本谊》)。斯则无征不信者矣。

《毛诗》篇目

国风	周南、召南、邶、鄘、卫、王、郑、齐、魏、唐、秦、陈、桧、曹、豳
小雅	鹿鸣之什、南有嘉鱼之什、鸿雁之什、节南山之什、谷风之什、甫田之什、鱼藻之什
大雅	文王之什、生民之什、荡之什
颂	周颂(清庙之什、臣工之什、闵予小子之什)
	鲁颂
	商颂

案:段玉裁订《毛诗故训传》三十卷,依上目分卷,是也。《汉志》载三家《诗经》二十八卷,盖《周颂》合一卷欤?

(四)《礼经》篇目

《礼经》十七篇,大、小《戴》与刘向《别录》次第不同,邵氏懿辰、黄氏以周皆以《大戴》为最当。邵氏之言曰:"《昏义》曰:'礼始于冠,本于昏,重于丧祭,尊于朝聘,和于射乡。'《礼运》曰:'达于丧祭、射乡(原误作"御")、冠昏、朝聘。'"又曰:"其行之以货力、辞让、饮食、冠昏、丧祭、射乡、朝聘。《大戴》之一至三篇,冠昏也。四至九篇,丧祭也。十至十三篇,射乡也。十四至十六篇,朝聘也。而丧服之通乎上下者附焉。"黄氏之言曰:"《礼经》十七篇,以《冠》《昏》《相见》《士丧》《既夕》《士虞》《特牲》《乡饮》《乡射》九篇为士礼,居首。后苍①传其学,作《曲台记》

---

① "苍",原作"仓",今据《汉书·后苍传》改。

九篇,即说此士礼九篇,以推天子、诸侯之制。《大戴》以此九篇列首,以明授受所自。而《少牢》二篇与《特牲》类,故并入之。且《乡饮》《乡射》,亦兼大夫礼也。《燕》以下,为诸侯、天子礼。《丧服》,通礼,终之。其次秩然。"两说皆谓《礼经》次第宜依《大戴》,是也。《逸礼》三十九篇,其目不传。元吴澄纂《仪礼逸经》八篇,曰《投壶》、曰《奔丧》,取之《小戴记》;曰《公冠》、曰《诸侯迁庙》、曰《诸侯衅庙》,取之《大戴礼记》;曰《中霤》、曰《禘于太庙》、曰《王居明堂》,取之郑氏《礼注》。清阎若璩谓:"《逸礼》篇名见于郑氏《礼注》者,尚有《天子巡狩礼》《烝尝礼》《军礼》《朝贡礼》《祀门礼》。"(见《古文尚书疏证》二十一篇)盖三十九篇可考者,仅此而已。

大小《戴》、《别录》《礼经》篇目表

大戴	小戴	别录
士冠第一	同	同
昏第二	同	同
士相见第三	同	同
士丧第四	乡饮酒第四	同
既夕第五	乡射第五	同
士虞第六	燕礼第六	同
特牲第七	大射第七	同
少牢第八	士虞第八	聘礼第八
有司彻第九	丧服第九	公食大夫第九

续表

大戴	小戴	别录
乡饮酒第十	特牲第十	觐第十
乡射十一	少牢十一	丧服十一
燕十二	有司彻十二	士丧十二
大射十三	士丧十三	既夕十三
聘十四	既夕十四	士虞十四
公食大夫十五	聘十五	特牲十五
觐十六	公食大夫十六	少牢十六
丧服十七	觐十七	有司彻十七

(五)《礼记》篇目

郑玄《六艺论》曰:"戴德传《记》八十五篇,则《大戴礼》是也。戴圣传《礼》四十九篇,此《礼记》是也。"案《汉书·艺文志》,礼家有《记》百三十一篇,七十子后学者所记。又《明堂阴阳记》三十三篇、《王史氏》二十一篇,而不录二戴之《记》。钱氏大昕、陈氏寿祺皆谓,二戴之《记》即统于百三十一篇中,故不复出。其说是也(惟钱氏谓:《大戴》八十五篇,《小戴》四十九篇,合《曲礼》《檀弓》《杂记》上下篇为一,则四十六,合之《大戴》,正符百三十一篇之数。此则非是。陈氏、黄氏已辨之)。近黄氏以周据《汉书·河间献王传》、许氏《说文序》,言孔壁及河间所得皆有《礼》及《礼记》。郑《六艺论》以《记》百三十一篇,与《古礼经》《周官》并言，证《汉志》之《记》为古文，大、小戴之《记》则多系今文。《奔丧》《投壶》诸篇，且取之古文《礼》。谓二戴之《记》，与《汉志》所谓《记》有别。近人因谓今之《礼记》，杂取古今文说，又采《曾子》《子思》《荀子》、贾谊《新书》诸篇，疑其并非二戴所辑。说盖未当。按郑氏《礼记目录》每篇下皆云，此于《别录》属某类。《释文叙录》曰："刘向《别录》有《礼记》四十九篇，与今《礼记》篇次同。"《礼记·乐记》正义曰："刘向《别录》《礼记》四十九篇，《乐记》第十九。"是《别录》本有《小戴记》。以例推之，《大戴记》亦必入《录》。至刘歆撰定《七略》，乃不载二戴篇目，但载古文《记》都数。而《艺文志》因之，盖《礼记》之作本出七十子之徒。汉世今文家所传确数及与古文《记》异同，虽无可考，以《礼经》五十六篇、十七篇与今文同例之，则古文《记》必有与今文同者。且其同者必甚多，故刘歆、班固载古文可以统今文也。黄氏泥于《记》百三十一篇之为古文，故疑二戴《记》与古文迥异。果尔，则《七略》必不遗之矣。黄氏又谓《戴记》兼采《古礼经》，则又有说。郑氏《目录》于《奔丧》云：《奔丧》实逸《曲礼》之正篇也。汉兴，得古文，而《礼》家贪其说，因合于《礼记》耳。于《投壶》云：亦《曲礼》之正篇也（郑所谓《曲礼》，即指《仪礼》，说见《名义篇》）。郑氏亲见古文《礼经》，故知二篇为正篇。然郑注《奔丧》引逸《奔丧礼》，校其异同者凡三见。明《小戴》之《奔丧》，与古文大同小异。自是今文家所传

《记》文,与古文经合,而非今文家采古文经以为《记》,如郑所说也。此外,《投壶》及《大戴》之《公冠》《迁庙》诸礼,例与此同,不得以此谓二戴之《记》必不在百三十一篇中也。《礼记》或录旧礼之义,或录变礼所由,或兼记体履,或杂叙得失(《礼记正序》),所采非一家,所明非一义,其取及曾、思、荀、贾之书,夫何足怪? 西汉梅福引《檀弓》,韦玄成引《王制》,已称为《礼记》(见《汉书》本传),岂可以《汉志》不载而疑其非二戴所辑哉? 至晋陈邵谓《古礼》二百四篇(此数亦本《别录》,然与《汉志》不合。黄氏谓《别录》与《七略》有出入,是也)。戴德删为八十五篇,戴圣又删《大戴》为四十九篇。《隋书·经籍志》谓《小戴记·月令》《明堂位》《乐记》三篇为马融所加,《初学记》谓后苍《曲台记》百八十篇(《汉志》《曲台记》九篇,徐坚此说不知所本,《注》称出《礼记正义》,今《正义》无此文),二戴删并为今《礼记》,则皆后世传讹之说,前儒已辨之矣。今录《小戴记》及《大戴》见存篇目如下:

《小戴礼记》篇目

《曲礼》上下、《檀弓》上下、《王制》《月令》《曾子问》《文王世子》《礼运》《礼器》《郊特牲》《内则》《玉藻》《明堂位》《丧服小记》《大传》《少仪》《学记》《乐记》《杂记》上下、《丧大记》《祭法》《祭义》《祭统》《经解》《哀公问》《仲尼燕居》《孔子闲居》《坊记》《中庸》《表记》《缁衣》《奔丧》《问丧》《服问》《间传》《三年问》《深衣》①《投壶》《儒行》《大学》《冠义》《昏义》《乡饮酒义》《射义》《燕义》《聘义》《丧服四制》。

案：《小戴记》篇目，魏之孙炎、宋之业遵、唐之魏徵，各有删易，见《唐书·元行冲传》，今无可考。

《大戴礼记》篇目

《王言》《哀公问五仪》《哀公问于孔子》《礼三本》《礼察》《夏小正》《保傅》《曾子立事》《曾子本孝》《曾子立孝》《曾子大孝》《曾子事父母》《曾子制言》上中下、《曾子疾病》《曾子天圆》《武王践阼》《卫将军文子》《五帝德》《帝系》《劝学》《子张问入官》《盛德》《千乘》《四代》《虞戴德》《诰志》《文王官人》《诸侯迁庙》《诸侯衅庙》《小辨》《用兵》《少间》《朝事》《投壶》《公冠》《本命》《易本命》。

案：《大戴礼记》八十五篇，今本三十八篇以前全逸，故自《王言》第三十九始。三十九以后，尚缺四十三、四、五，六十一，八十二、三、四、五，共八篇。其逸篇名之可考，曰《曲礼》（《汉书·儒林传》注）、曰《礼器》（《五经异义》）、曰《文王世子》（《诗·摽②有梅》《七月》正义）、曰《祭法》（唐皮日休《文集》），此其与《小戴》同者也。曰《谥法》、曰《王度记》、曰《三正记》、曰《别名记》（《礼记正义》

---

① 原作"三问、深年衣"，今乙正。
② "摽"，原作"标"，今据《诗经》改。

作《辨名记》)、曰《亲属记》、曰《五帝记》(以上并见《白虎通义》)、曰《禘于太庙礼》(《仪礼·少牢[①]》篇注疏)、曰《王霸记》(《周礼注》)、曰《昭穆篇》(《后汉书·祭祀志》注,《诗·灵台》正义作《政穆》)、曰《号谥记》(《风俗通义》)、曰《瑞命记》(《论衡》),此其与《小戴》异者也。其存篇中,《哀公问》《投壶》二篇与《小戴》同。《曾子大孝》,《小戴》在《祭义》。《诸侯衅庙》,《小戴》在《杂记》。以此例之,则逸文之同于《小戴》者,亦必不少也。

(六)《周官礼》篇目

《周礼》六官,曰《天官冢宰》、曰《地官司徒》、曰《春官宗伯》、曰《夏官司马》、曰《秋官司寇》、曰《冬官司空》。其属官各六十,每官为一篇,《汉·艺文志》所谓《周官经》六篇是也。其《司空篇》亡,以《考工记》补之。郑玄《周礼目录》云:"汉兴,购求千金,不得。此前世识其事者,记录以备大数尔。"(《释文》及《贾疏》引)宋俞庭椿撰《周礼复古篇》谓:《冬官》未亡,特错简置于五官之中。因取五官中之与司空略近者,割裂之以补《冬官》。《冬官》不可补,而五官无完肤矣。

(七)《春秋》篇目

《春秋》有古文,有今文。古文以十二公各为一篇,

[①] "少牢",原作"少牟",今据《仪礼》改。

《汉志》所谓《春秋古经》十二篇是也。今文则以闵公附于庄公,《汉志》所谓《经》十一卷,公羊、穀梁二家是也。何休说之曰:"系闵公篇于庄公篇下者,子未三年无改于父之道。《传》曰:'曷为于其封内三年称子,缘孝子之心,则三年不忍当也。'"是其义也。

(八)《孝经》篇目

《汉书·艺文志》,《孝经》一篇十八章、《孝经古孔氏》一篇二十二章。颜《注》云:"刘向以为《庶人章》分为二,《曾子敢问章》分为三,又多一章,凡二十二章。"今文者,汉长孙氏、江翁、后苍、翼奉所传。古文者,与《古文尚书》同出孔壁者也(《隋志》及《释文叙录》并云:河间人颜芝壁藏《孝经》,汉兴,芝子贞出之,是为今文。许冲《上说文表》,又以《古文孝经》为孝昭时鲁国三老所献,与《汉志》异,存以备考)。《汉志》又言:"父母生之,续莫大焉,故亲生之膝下,诸家说不安处,古文字读皆异。"桓谭《新论》亦云:"《古文孝经》千八百七十二字,今异者四百余字。"然汉儒所诵习注解者皆今文,即古文家如郑众、马融、郑玄所注,亦悉用今文本。许慎所撰《孔氏古文说》,世亦不传。梁代乃有孔安国《传》与郑氏《注》并立国学,安国之本亡于梁乱。隋有刘炫又述孔氏义疏,讲于人间。儒者皆云炫自作之,非孔旧本(并见《隋书·经籍志》)。唐开元中,刘知几议行孔废郑,为司马贞所驳(见《唐会要》)。至宋,则传文亡而经文尚存,司马光据之以作《指解》。今以其书与今文较,不过助语增减,小有不同,无所谓四百余字之异。其分章,及多《闺门》一章,虽与刘向语合,而《汉志》所举之语,字读异者,乃悉与今文同。则知梁、陈所传古文,断非《汉志》之本。宋明瞀儒反欲崇古文而抑今文,可谓倒置甚矣。清乾隆中,鲍廷博刻《古文孝经孔传》,其书传自日本,其经文与中土所传古文不合,又改"亲生之膝下"为"亲生毓之","续莫大焉"之"续"为"绩",欲以合于《汉志》,尤为谬妄。其传文亦浅陋,且与唐人所引不符。前儒多辨其伪,今具列三本篇目异同如后。至于朱熹《刊误》分为经一章、传十四章,吴澄《定本》又分为经一章、传十二章,凭臆窜改,不复置论。

今文孝经十八章	古文孝经二十二章(古文旧本无章名,而日本伪本有之,其十八篇与今文同)
开宗明义章	第一章
天子章	第二章
诸侯章	第三章
卿大夫章	第四章
士章	第五章
庶人章	第六章
	第七章(分今文《庶人章》"故自天子"以下,别为一章,日本伪本题曰《孝平章》)
三才章	第八章
孝治章	第九章

续表

圣治章	第十章
	第十一章(分《圣治章》"父子之道"至"厚莫重焉",别为一章,日本伪本题曰《父母生绩章》)
	第十二章(分《圣治章》"故不爱其亲"以下,别为一章,日本伪本题曰《孝优劣章》)
纪孝行章	第十三章
五刑章	第十四章
广要道章	第十五章
广至德章	第十六章
感应章	第十七章
广扬名章	第十八章
	第十九章(此章今文所无,日本伪本题曰《闺门章》)
谏诤章	第二十章
事君章	第二十一章
丧亲章	第二十二章

(九)《论语》篇目

《论语》在汉有三家。《艺文志》:《论语古》二十一篇,出孔子壁中,两《子张》。如淳注云:"分《尧曰》篇后'子张问,何如可以从政'以下为篇,名曰《从政》。"又曰:《齐》二十二篇,多《问王》《知道》,《鲁》二十篇。此三家之异也。自张禹兼讲鲁、齐《论》,择善而从,号曰"张侯论"。包咸、周氏据之以为《章句》,而《论语》之本一变。郑玄就包、周之篇章,考之《齐》《古》,正《鲁》读凡五十事,而《论语》之本又一变。何晏作《集解》,益以魏代伪孔安国之《古文传》(《论语孔传》之伪,沈氏涛、丁氏晏皆有书辨之),而《论语》之本又一变(郑氏珍说:凡《释文》所载郑本与今本经文不同者,皆用《孔传》本)。今所行皆何氏本,而三家之真久亡矣。至《论衡·正说篇》谓《古文论语》二十一篇,共齐、鲁、河间九篇,为三十篇,昭帝女读二十一篇。无稽之谈,不足置论(黄以周曲为之说,非也)。又皇侃《义疏》言,《古文论语》以《乡党》为第二,《雍也》为第三。书出异域,或经改窜,亦未可据也。

(十)《孟子》篇目

《孟子》自宋后,始列于经,而据赵岐《题辞》,则汉文帝时已立博士,乃在五经之前。《汉志》载其书合内、外篇计之为十一篇。内七篇,今本是也。外四篇,其目为《性善》《辨文》《说孝经》《为政》。赵岐所谓其文不能宏深,非《孟子》本真是也。《外书》自赵岐删去,其书遂亡,逸文仅有存者(周氏广业《孟子四考》,考之甚详)。明季海盐姚士粦传《孟子外书》四篇,称熙时子注,盖依赵岐所称篇名,附会为之,又伪本之重台矣。

(十一)《尔雅》篇目

《汉志》:"《尔雅》三卷二十篇。"今唯十九篇。翟氏灏曰:"古本当有《释礼》篇,与《释乐》篇相随,《祭名》《讲武》

《旌旗》三章,乃其文之残缺失次者。"然张揖,魏人,其作《广雅》,篇次悉与今《尔雅》同,则翟说非也。或又云:"《尔雅》有《序篇》,见《诗正义》引。"(其文云:"《释诂》《释言》,通古今之字,古与今异①言也。《释训》,言形貌也。")今本所阙即此。然单文孤证,亦未足据。孙氏志祖以为《释诂》当分上、下篇,或近之矣。

---

① 原本作"异今",据文意当作"今异",今正。

经学沿革略说

(一)经学始于孔子

中国学术、政治、宗教,无一不源于六经。六经为孔子所作,或为孔子所述,论者互有不同。其以经为孔子述者,谓《易》卦起于包羲,文王重之为六十四,又作卦爻之辞(或又以爻辞为周公作),其书掌于大卜,孔子因周旧本为《彖》《象》等十篇以赞之。《书》为唐虞三代记言之史,孔子纂焉,上断于尧,下讫于秦,凡百篇,而为之序。《诗》为古代太史輶轩所采,孔子纯取周诗,上兼《商颂》,凡三百十一篇。周公损益夏、殷,曲为之制,有"经礼三百,威仪三千","经礼"即今《周礼》,"威仪"即今《仪礼》,自周衰礼废,其书不具,孔子反鲁,始定《礼》以为教。《春秋》,鲁之旧史,孔子依周史旧例刊而正之,上以遵周公遗制,下以明将来之法。此其大略也。其以经为孔子作者,谓汉代如司马迁(《史记·周本纪》《日者传》)、扬雄(《法言·问神篇》,又《解难》)、王充(《论衡·对作篇》),皆谓伏羲画卦,文王重卦,而卦爻之辞出于孔子,不以为文王、周公之作。《康诰》"如保赤子",墨者夷之称为儒者之道(《孟子》)。《尧典》"钦明文思"以下,王充直以为孔子之言(《论衡·须颂篇》)。《淮南子》谓《诗》与《春秋》皆衰世之造,儒者循之以教导于世(《氾论训》)。《孟子》言孔子作《春秋》。《史记》言笔则笔,削则削,子夏之徒,不能赞一辞(《史记·孔子世家》)。必不但据赴告策书。恤由之丧,士丧礼于是乎书(《礼记·杂记》)。而三年之服,宰我疑其已久;谅闇三年,子张不知何谓(《论语》)。鲁、滕两国为周同姓,亦不行用昏礼之亲迎。鲁哀公(《大戴礼记·哀公问》)、子贡(《穀梁春秋·桓三年传》)皆疑其已重。墨子亦称述三代,乃于久丧、厚葬、升屋、招魂、亲迎、合卺之礼诸见于《礼经》者,肆辞丑诋(见《墨子·公孟》《非儒》等篇),皆经为孔子制作之明证。此其大略也。两说相争,至今未定,而六经之学出于孔子,则二千年来无异辞。无论其为述为作,谓六经之学即为孔子之学,可也。

(二)晚周、秦代经学

孔子既没,而六经之传付诸弟子,如商瞿之于《易》,漆雕开之于《书》,子贡之于《乐》,子游、曾子之于《礼》,孺悲之于《士丧礼》,曾子之于《孝经》,左丘明之于《春秋》。征诸古籍,略可考见。而子夏尤为老寿,兼通群经,于《易》有传,于《诗》有序,于《礼·丧服》有传,于《尔雅》补

《释言》以下，又与仲弓、子游等撰定《论语》，而公羊、穀梁亦亲从受经。徐防曰："《诗》《书》《礼》《乐》，定自孔子。发明章句，始于子夏。"信矣。爰逮战国，孟、荀最为巨儒。孟子通五经，尤长于《诗》《书》（赵岐《孟子题辞》）。其弟子公孙丑传《易》，乐正克传《礼》（《圣贤群辅录》）。荀卿善为《诗》《礼》《易》《春秋》（刘向《荀子序》），而鲁、韩、毛之《诗》，左氏、穀梁之《春秋》，皆其所传。二戴之《礼》，传自孟卿。孟籍兰陵，荀卿为令之地。两戴《记》中用荀子文者十数篇，则《礼》亦荀卿所传（略本汪中《荀卿子通论》）。故论学术之醇疵，则孟在荀上；论传经之功，则荀为尤巨。两家学术大异，盖由所受经说之不尽同，然未由考矣。孟、荀而外，如蟜疵（一作桥庇）、馯臂、周竖（一作丑）、光羽（一作孙虞）之传《易》（《史》《汉》"儒林传"），薛仓、帛妙、李克、根牟之传《诗》（《经典释文叙录》），吴起父子之传《春秋》（《释文叙录》引《别录》），仲良氏之传《乐》（《圣贤群辅录》），曾申之传《诗》及《春秋》（《释文叙录》），皆传经之儒，仅见其名者也。《易》有公孙段[①]、邵陟《论》二篇（《晋书·束皙传》），《礼》有《王史氏记》二十一篇、《周官传》四篇，《春秋》有《铎氏微》三篇、《虞氏微传》二篇、《邹氏传》十一卷、《夹氏传》十一篇，皆经师之有所著述者也。公孙尼子之《乐记》（《礼记正义》引沈约说），《春

---

① "公孙段"，原作"公孙叚"，今据文意改。

秋》之公羊、穀梁《传》，著述之至今尚存者也。高行子（《诗·丝衣序》引）、孟仲子（《诗·维天之命》《闷宫》传及郑《诗谱》引）、仲梁子（《诗·定之方中》传引）之说《诗》，引于毛、郑。沈子（《公羊》隐十一年、庄十年、定元年，《穀梁》定元年引）、司马子（《公羊》庄三十年）、女子（《公羊》闵元年）、北宫子（《公羊》哀四年）、鲁子（《公羊》庄、僖两公篇屡引）、高子（《公羊》文四年）、尸子（《穀梁》隐三年）之说《春秋》，引于公、穀。魏文侯《孝经传》，引于蔡邕（《明堂》《月令》章句）。则著述虽不传，而遗说尚可考者也。战国时君推崇经术者，惟魏文侯。博士之置，实昉于此。秦用李斯为相，亦尊儒术，置博士七十人（《史记·秦始皇本纪[①]》）。每有大事，尝得与议。后人以焚坑之祸，集矢祖龙，不知秦所焚者民间之书，而博士所职《诗》《书》、百家语自若也；所坑者咸阳诸生四百余人，其他儒生自若也。特秦在帝位日浅，旋值楚汉之乱，文献散落，学派无考。然当经籍道息之际，崎岖兵燹之中，抱持六艺以俟汉兴者，皆秦之博士诸生也。秦之功，何可没哉？

（三）汉初至元成时经学

汉代之经学，皆传自秦代者也。今先据《史》《汉》"儒林传"列表明之：

---

① "纪"，原作"记"，今据《史记》改。

《易》：

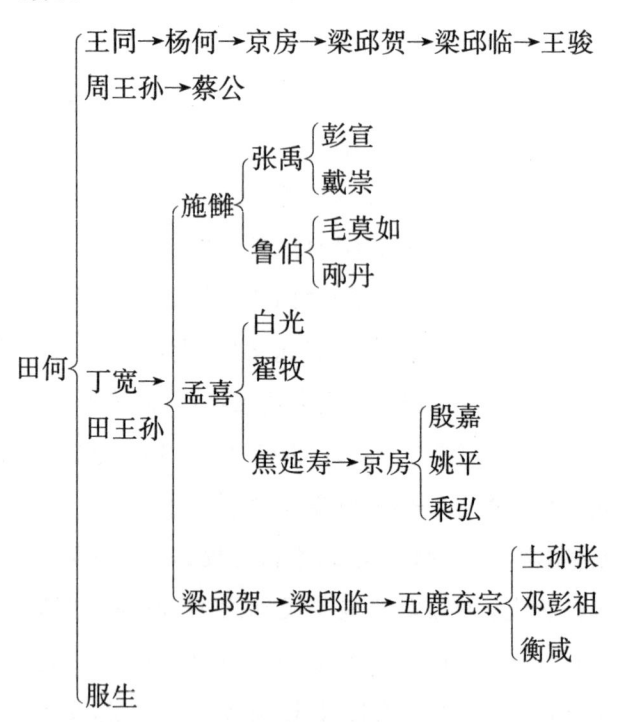

```
       ┌ 王同→杨何→京房→梁邱贺→梁邱临→王骏
       │ 周王孙→蔡公
       │                   ┌ 张禹 ┌ 彭宣
       │                   │     └ 戴崇
       │            ┌ 施雠 │
       │            │     │ 鲁伯 ┌ 毛莫如
       │            │     └     └ 邴丹
       │            │
       │            │     ┌ 白光
田何 ┌ 丁宽→ ┤ 孟喜 ┤ 翟牧
     │ 田王孙     │     │                ┌ 殷嘉
     │            │     └ 焦延寿→京房 ┤ 姚平
     │            │                    └ 乘弘
     │            │
     │            │                             ┌ 士孙张
     │            └ 梁邱贺→梁邱临→五鹿充宗 ┤ 邓彭祖
     │                                          └ 衡咸
     └ 服生
```

大夏侯《尚书》：

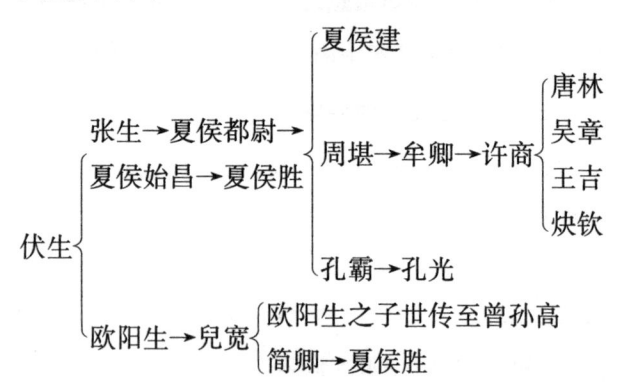

```
              ┌ 夏侯建
              │                       ┌ 唐林
         张生→夏侯都尉→┤ 周堪→牟卿→许商 ┤ 吴章
伏生 ┌ 夏侯始昌→夏侯胜 │                │ 王吉
     │                │                └ 炔钦
     │                └ 孔霸→孔光
     │
     └ 欧阳生→兒宽 ┌ 欧阳生之子世传至曾孙高
                   └ 简卿→夏侯胜
```

欧阳、小夏侯《尚书》：

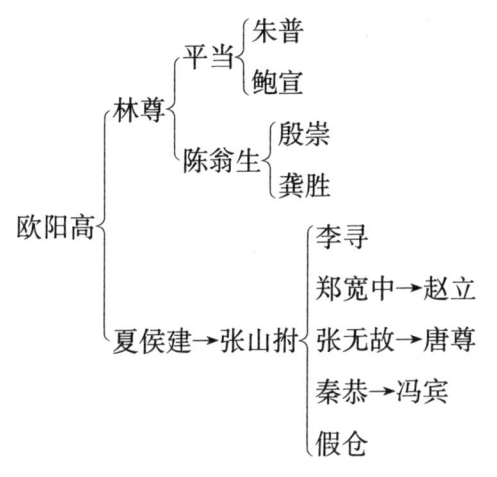

```
                    ┌ 朱普
              ┌ 平当┤
              │     └ 鲍宣
         ┌ 林尊┤
         │    │     ┌ 殷崇
         │    └ 陈翁生┤
         │          └ 龚胜
欧阳高 ┤
         │                ┌ 李寻
         │                │
         │                │ 郑宽中→赵立
         │                │
         └ 夏侯建→张山拊┤ 张无故→唐尊
                          │
                          │ 秦恭→冯宾
                          │
                          └ 假仓
```

《鲁诗》①：

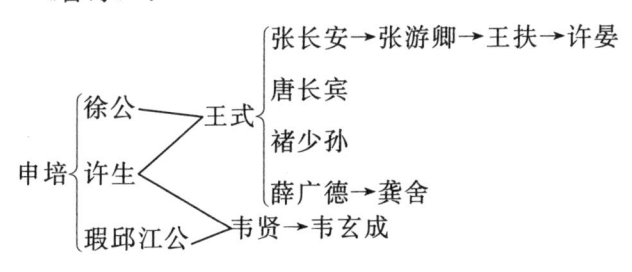

```
              ┌ 徐公 ┐      ┌ 张长安→张游卿→王扶→许晏
              │     │      │
              │     ├ 王式 ┤ 唐长宾
申培 ┤ 许生 ┤      │
              │     │      │ 褚少孙
              │     │      │
              │     │      └ 薛广德→龚舍
              └ 瑕邱江公 ┴ 韦贤→韦玄成
```

---

① 原作"齐诗"，据图表实为"鲁诗"，今改正。

《齐诗》：

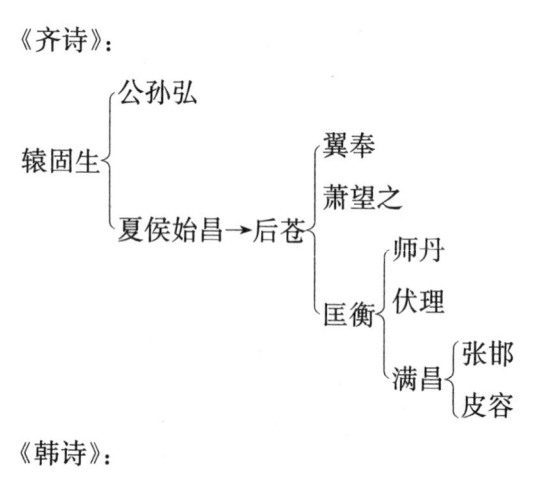

```
辕固生 ┬ 公孙弘
       └ 夏侯始昌 → 后苍 ┬ 翼奉
                          ├ 萧望之
                          └ 匡衡 ┬ 师丹
                                 ├ 伏理
                                 └ 满昌 ┬ 张邯
                                        └ 皮容
```

《韩诗》：

```
韩婴 ┬ 贲生
     └ 赵子 → 蔡谊 ┬ 食子公 → 栗丰 → 张就
                   └ 王吉 → 长孙顺 → 发福
```

《礼》：

```
高堂生 → 萧奋 → 孟卿 ┬ 闾邱卿
                     └ 后苍 ┬ 闻人通汉
                            ├ 戴德 → 徐良
                            ├ 戴圣 → 桥仁
                            └ 庆普 → 杨荣
```

《公羊春秋》：

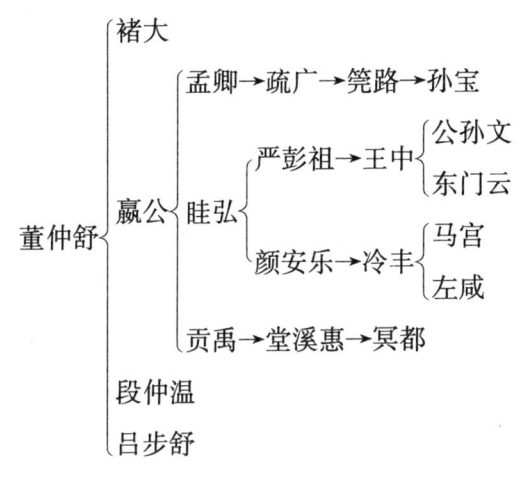

```
                    ┌ 褚大
                    │        ┌ 孟卿→疏广→筦路→孙宝
                    │        │           ┌ 严彭祖→王中 ┌ 公孙文
                    │        │           │             └ 东门云
  董仲舒 ┤ 嬴公 ┤ 眭弘 ┤
                    │        │           └ 颜安乐→冷丰 ┌ 马宫
                    │        │                         └ 左咸
                    │        └ 贡禹→堂溪惠→冥都
                    ├ 段仲温
                    └ 吕步舒
```

《穀梁春秋》：

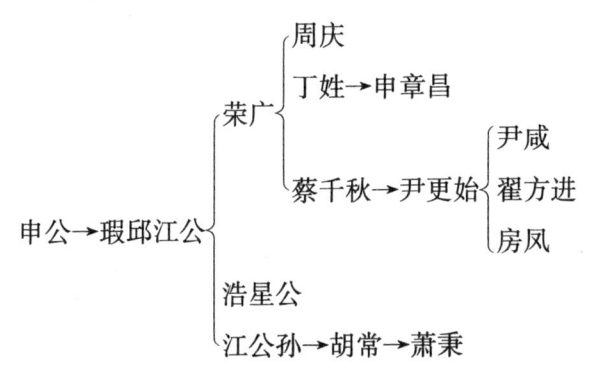

```
                           ┌ 周庆
                           │ 丁姓→申章昌
                  ┌ 荣广 ┤                    ┌ 尹咸
                  │        └ 蔡千秋→尹更始 ┤ 翟方进
  申公→瑕邱江公 ┤                            └ 房凤
                  │ 浩星公
                  └ 江公孙→胡常→萧秉
```

汉高帝时，天下初定，未遑庠序之事，而民间私相传习经学，未尝废绝。孝文帝时，申公（《汉书·楚元王传》）、韩婴皆以明《诗》为博士。辕固生亦为博士于景帝时。文帝广游学之路，立《论语》《孝经》《孟子》《尔雅》于学官（赵岐《孟子题辞》），刘歆所谓"汉兴，《诗》始萌芽"

(《移让太常博士书》[①],翟酺所谓置一经博士也(《后汉书·翟酺传》)。然文帝好黄老,景帝任刑名,诸博士具官待问,未有进者。孝武初年,用赵绾、王臧,欲兴儒术,为窦太后所绌,事不果行。其后,以田蚡为相,用董仲舒之言,表章六艺,罢斥百家。建元五年,遂立五经博士,《易》杨氏,《书》欧阳氏,《礼》后氏,《春秋》公羊氏,而诸子传记博士皆罢(赵岐《孟子题辞》)。孝宣甘露三年,诏诸儒讲五经同异于石渠阁,萧望之等平奏其议,帝亲称制临决,复立大小夏侯《尚书》、大小戴《礼》、施孟梁邱《易》、穀梁《春秋》,各置博士(《宣纪》不言二戴、施、孟,据《儒林传赞》增)。元帝好儒,复立京氏《易》。其《鲁论语》则夏侯胜、建、韦贤、王骏等传之,《齐论语》则王吉、贡禹、五鹿充宗等传之。《孝经》则长孙、博士江翁、后苍、翼奉等传之。二经尤为儒者肄业所必及。自是以来,传业浸盛,一经说至百余万言,大师众至千余人。夫诸家经说,渊源本同,《易》皆祖田何,《书》并出伏生,《礼》俱高堂之传,《春秋》悉子夏所授,《诗》虽三家,其归则一。而及其末流,门户角立者,盖传业之儒欲增改师法以冀立学,班固所谓利禄之途然也。然推演之说虽繁,而大旨不甚相远。西京一代,诏令所引,奏疏所述,民间所业,皆博士所职之经,官

---

① 原本作"移书让太常博士",刘歆所著实为"移让太常博士书",今乙正。

师合一,无复歧途。即有牴①悟,如梁邱疏证孟喜之伪,翟白不仞焦氏之说,严、颜之各持所见,董、江之互相争难,亦未尝有别派。其时儒者,多致贵显,类能通经致用。明《易》者,能占变知来。明《书》者,以《洪范》察变,以《禹贡》行水。明《诗》者,以三百五篇当谏书。明《春秋》者,以决疑狱。明《礼》者,以议制度。《孝经》《论语》,则为保傅辅道之用。此西京经学之所以称盛也。

(四)哀平至后汉经学

由哀平以后,至后汉之末,二百年中,经学之争议,则今古文是也。今文之名,始于后汉。古文之名,始于西京之季。两家不特篇章、文字互有不同,即言义理、典制者,亦绝异。其是非真伪,论者聚讼,未易决定。今先表古文诸经师承如下:

古文《易》:

费直→王璜

古文《尚书》:

孔安国 { 都尉朝→庸生→胡常→徐敖 { 王璜 / 涂恽→乘钦 } / 司马迁 }

古文《毛诗》:

毛亨→毛苌→贯长卿→解延年→徐敖→陈侠

---

① "牴",原作"抵",今据文意改。

案:《释文叙录》引徐整云:子夏授高行子,高行子授薛仓子,薛仓子授帛妙子,帛妙子授河间人大毛公,大毛公授赵人小毛公。一云子夏传曾申,申传李克,克传孟仲子,孟仲子传根牟子,根牟子传孙卿子,孙卿子传鲁人大毛公。是大毛公以前授受有二说。

古文《左氏春秋》:

左邱明→曾申→吴起→起子期→铎椒→虞卿→荀卿→张苍→

贾谊至其孙嘉→贯公→贯长卿 { 张敞 / 张禹→尹更始 { 尹咸 / 翟方进 / 胡常→贾护 } →刘歆 }

案:《汉书·儒林传》但云北平侯张苍、梁太傅贾谊、京兆尹张敞、大中大夫刘公子皆修《春秋左氏传》,不言其互相传授。此据《经典释文叙录》。又案:古文《礼》及《周官》《论语》《孝经》,其授受不能详。

古文经传或出孔壁,或出河间献王,或出北平侯张苍,或民间传学。哀平以前,其学不显(《汉书·鲁共王传》言:坏孔子壁,得《古文尚书》《礼》《论语》《孝经》,皆古文也。《河间献王传》云:献王所得书,皆古文先秦旧书,《周官》《尚书》《礼》《礼记》《孟子》《老子》之属。《诗谱》云:河间献王献《毛诗》。《说文序》云:北平侯张苍献《春秋左氏传》。《汉·艺文志》云:费直《易》传于民间。刘歆

《移书》亦云:民间鲁国贯公、胶东庸生之学,与古文同)。发挥光大之者,实始刘歆。哀帝时,歆继父向之业,校书秘府,见《左氏传》,大好之,始引传文以解经,转相发明,由是章句义理乃备。后遂欲建立《左氏春秋》及《毛诗》《逸礼》《古文尚书》,皆列于学官。哀帝令歆与五经博士讲论其义,博士以《尚书》为备,谓左氏不传《春秋》,不肯置对。歆因移书太常博士,责让之。是时名儒龚胜、师丹皆以歆为非,是为今古学构争之始。平帝时,王莽秉政,歆贵宠用事,于是《毛诗》《逸礼》《古文尚书》《左氏春秋》皆得立学(以上见《汉书》刘歆、儒林各传)。居摄以后,并立《周官》(贾公彦《叙周礼废兴》云:歆末年乃知《周官》为周公致太平之迹。是《周官》之出最晚。王莽加九锡,引《周官》,此为据《周官》以定典礼之始)。治古学者,王璜、涂恽、桓谭之徒,并至贵显。光武中兴,悉罢莽制,复立五经博士,各以家法教授。《易》施、孟、梁邱、京氏,《书》欧阳、大小夏侯,《诗》齐、鲁、韩,《礼》大、小戴,《春秋》严、颜,凡十四博士(《后汉书·儒林传序》。《诗》有毛氏,衍文也,据《续汉书·百官志》删),皆今文学。其治古学者,惟杜子春、郑兴、杜林、卫宏、贾徽数人,私家讲授而已。章帝建初元年,贾逵校书东观,入讲南宫,条奏《左氏长义》。又集《古文尚书同异》三卷,撰《齐鲁韩诗与毛氏异同》,作《周官解诂》。章帝嘉之,选高才生传授古文之业,皆擢高第,为讲郎给事近署(《后汉书·贾逵传》)。是为古文与今文并得盛行之始，而两家构争亦最烈。当莽世，公孙禄对禽贼方略，即言刘歆颠倒五经，非毁师法，宜诛以慰天下（《汉书·王莽传》）。建武时，韩歆请立费氏《易》、《左氏春秋》，范升奏言，左氏不祖孔子，费、左二学无本师，而多反异，奏左氏之失凡十四事。后陈元上书讼左氏，虽以李封为博士，卒以群儒廷争，未久即罢（《后汉书·范升传》）。李育谓左氏不得圣人深意，作《难左氏》四十一事，及讲论虎观，以《公羊》义难贾逵。何休与其师羊弼，追述育意，作《左氏膏肓①》（《后汉书·儒林传》）。又以《周礼》为六国阴谋之书，临硕谓《周官》为末②世渎乱不验之书，作《十论》《七难》以排弃之（贾公彦《叙周礼废兴》）。此今文之攻古文者也。桓谭喜非毁俗儒，贾逵条《左氏传》长于二传者三十事（《释文叙录》云四十事），以为《左氏》义深于君父，《公羊》多任于权变。许慎作《五经异义》，右古而抑今。马融注经，亦斥博士为俗儒（《尚书》马注"俗儒以铧重六两"）。服虔作《左氏释痏》，又以《左传》驳何休所驳汉事六十条（《后汉书·服虔传》）。此古文之攻今文者也。相争之极，至于附会图谶，求媚时君（如贾逵言，五经皆无言刘氏为尧后者，独《左传》有明文。又谓，五经家皆以颛顼代黄帝，尧不得为火德，则汉亦不

---

① "左氏膏肓"，原作"左氏膏肓"，今据文意改。
② "末"，原作"未"，今据文意改。

得为赤。何休《公羊解诂》篇末引《纬书》之说,谓《春秋》为汉制作。此其证也)。各执是非,未有所决。比而观之,今古学家其不同者有五:丁宽说《易》,惟举大义。申公传《诗》,疑者则阙。今文家大率如此。古文晚出,字多奇异,欲明义理,必资训诂。故杜(子春)、郑(兴、众)、谢(曼卿)、卫(宏)、贾(逵)、服(虔)说经之作,皆以训诂、解诂、解谊题名。郑玄之于杜、郑,亦以发疑正读赞之(《周礼疏序》引郑《序》)。是今文明大义,古文重训诂,一也。《后书·儒林传》所载经生,惟任安兼通数经,景鸾兼治《齐诗》、施《易》,余皆以一经著称。古文则贾(逵)、马(融)、许(慎)、荀(爽),皆并通五经,其余通一二经者,尤指不胜屈。是今文多专经,古文多兼经,二也。今文家讲明师法,不尚著述,范书所载,如牟长(作《尚书牟氏章句》)、伏恭(简损《尚书章句》二十万言)、薛汉(《韩诗章句》)、张匡(《韩诗章句》),仅定章句。洼丹(作《易通论》七篇)、景鸾(作《诗解》《易诂》)、赵晔(作《诗细》)、杜抚(作《诗题约义通》),略有著书。古文则郑、贾、马、荀,遍注群经,其余注一二经者尤众。是今文守章句,古文富著述,三也。今文如孙期(治京氏《易》、《古文尚书》)、张驯(治《公羊春秋》,兼左氏),兼治古学者甚尠。古文则郑兴(先治《公羊春秋》)、尹敏(先治欧阳《尚书》,后治《古文尚书》及左氏、穀梁之学)、贾逵(初以大夏侯《尚书》教授),皆先治今文,后治古学。明、章以后,兼通今古者尤众。

是今文多墨守，古文多兼通，四也。范书载今文学家三十余人，大率治经之外无所表见。古文家则桓（谭，作《新论》十六篇）、卫（宏，作《汉旧仪》《古文官书》）、卢（植，作《续汉书》）、许（慎，作《说文解字》《淮南子注》），撰著博通。张（衡）、马（融①）、崔（瑗）、蔡（邕），尤工词赋（《服虔传》云："所著赋、碑、诔、书、记、连珠、九愤，十余篇。"是虔亦文士，特其文不传耳）。是今文多朴学之儒，古文多渊雅之士，五也。观其同异所在，而东汉以后，今蹶古兴之故可思矣。

（五）郑氏经学

兼用今古两家之学而会通为一者，郑玄是也。玄初造太学，受业京兆第五元先，始通京氏《易》、《公羊春秋》；又从东郡张恭祖受《周官》《礼记》《左氏春秋》《韩诗》《古文尚书》；终乃受业马融，尽通今古之学，于群经皆有注说。今列表如下：

书名	卷数	存佚
周易注	十二	今佚，有宋王应麟，清惠栋、丁杰、臧庸辑本。
古文尚书注	九	今佚，有清王鸣盛、孙星衍、黄奭、袁钧辑本。
毛诗笺	二十	今存。

---

① "融"，原稿无，今依例补。

续表

书名	卷数	存佚
周礼注	十二	今存。
仪礼注	十七	今存。
礼记注	二十	今存。
春秋左传注	未成,以与服虔为服氏	今佚,有马国翰辑本。
孝经注	一	今佚,有严可均、臧庸辑本。
论语注	十	今佚,有宋翔凤、马国翰辑本及罗振玉影印唐写残本。
孟子注	七	今佚。

余萧客《古经解钩沉》列有郑《尔雅注》,误也,今不取。

郑于诸经,大概宗古文而兼用今文。举其易见者明之,如:注《尚书》,用古文,而《禹贡》兼采班固(焦循《禹贡郑注释》)。又注伏生《大传》,是于《书》兼今古也。注《诗》,宗毛为主,如有不同,即下己意(《诗疏》引《郑志》)。而《诗笺》之说,多本三家(陈奂《毛诗郑笺考征》),是于《诗》兼今古也。本习《小戴礼》,后以古经校之,取其义长者(《经典释文叙录》),是于《礼》兼今古也。说《春秋》,杂用三家,不苟从一(徐彦《公羊疏》),是于《春秋》兼今古也。就《鲁论》张、包、周之篇章,考之《齐》《古》(何晏《论语集解序》),正《鲁》读者凡五十事(《经典释文》),是于

《论语》兼今古也。何休难《左氏》,则辨之。临硕难《周礼》,则答之(《后汉书·郑玄传》)。是申古以驳今也。许慎《五经异义》,则驳之。是申今以驳古也(陈寿祺《五经异义疏证序》)。其《戒子益恩书》云:"述先圣之元意,整百家之不齐。"平生宗旨,于斯可见。同时郑泰已称其学通今古(《三国志》注引张璠《汉纪》),范蔚宗《传赞》亦谓其囊括大典,网罗众家,删裁繁芜,刊改漏失。灵、献之际,以一布衣屡征不就,而牧伯讨贼倚以为重(《后汉书·朱儁传》)。三公议礼,问以取决(《通典》载郑氏皇后拜父议)。孔融尊为郑公,应劭自愿北面。门人著录,多至数千,达者如郗虑、崔琰、国渊、任嘏(《后汉书》郑玄、孔融、崔琰传),隐者如赵商、张逸(《郑志》)、刘熙(《东塾读书记》)、宋均(《唐会要》载刘知几议),并有时名。当其生存,其学已盛。及其没也,弟子撰其答问五经,作《郑志》八篇,以拟《论语》。王粲称伊洛以东,淮汉以北,惟康成一人而已(《唐书·元行冲传》)。黄初以后,郑学遂立博士,朝臣辨论,郑氏诸经无不撮引(刘知几议)。高贵乡公幸学讲经,亦崇郑学。盖自建安以及三国,数十年中,今古两学皆微,而郑氏学统一天下矣。今考三国儒学之士,魏则有董遇(有《春秋左氏章句》,见《释文叙录》)、贾洪、邯郸淳、薛夏、隗禧(禧谓《左氏》为相斫书,盖不喜古文者)、苏林、乐详(从谢该受《左氏》,又见《后汉书·儒林传》),《魏略》推为儒宗(《三国志·王肃传》注);蜀则有尹默、来敏(俱精《左氏》)、杜琼(作《韩诗章句》);吴则有姚信、陆绩(俱注《周易》)、士爕(注《春秋》),皆非郑学之派,而名不甚著。其显然与郑为敌者,魏则王肃,遍注群经,改易郑说,作《圣证论》以讥短之;蜀则有李譔,注《易》《书》《诗》《三礼》《左传》,依准贾、马,异于康成,而与王肃意归多同;吴有虞翻,奏郑解《尚书》违失四事,又言郑注五经违义尤甚者六十七事。益足见郑氏学盛,故诸家皆以难郑为名高。然王粲疑《尚书注》,而田琼、韩益正之(《隋书·经籍志》,《尚书释问》四卷,王粲问,田琼、韩益正。案:《王粲集》有难郑玄《尚书》事,见《颜氏家训》。田琼,郑氏门人,见《郑志》);王肃难《诗笺》,而王基驳之(《经典释文叙录》);孙炎、马昭亦作《驳圣证论》,而郑氏门人据郑义以难时人者,亦多见于《郑记》(《玉烛宝典》六引《郑记》,糜信难郑《月令》"反舌无声"注,蚸夙答之),则羽翼郑学者亦众。自兹以后,经学惟有郑学、非郑学两派,而无复今古之辨矣。

(六)魏晋经学

魏正始中,王弼、何晏之徒祖法老、庄,号为玄学。弼以其说说《易》,晏以其说说《论语》。爰逮晋初,兹风弥盛,故王、何为世所宗。王肃善贾、马之学,而不好郑氏,既注《古文尚书》,又伪造逸《书》二十五篇及孔安国《传》,以自证其说(丁晏《尚书余论》)。注《诗》,自称述毛,又为

《奏事》《义驳》《问难》以非郑（《隋书·经籍志》）。此外，《周易》《周官》《丧服》《礼记》《论语》《孝经》，并有注说。又撰《孔丛》《家语》，以证成之（清儒臧琳、戴震、孙志祖说）。以晋代外戚，其说盛行。杜预注《春秋左传》，并作《释例》，以功臣贵显，当时并称服、杜。此三者皆非郑学派也。西晋经儒，于此二派，互有出入。若何随之治《韩诗》、欧阳《尚书》，王化之治《公羊春秋》，任熙之治京氏《易》，董景道之治京《易》、《韩诗》、马氏《尚书》（《晋书·儒林传》《华阳国志》）。宗两汉旧学者，殆不多见。至永嘉之乱，施、梁邱之《易》，欧阳、夏侯之《书》，齐、鲁之《诗》，并就亡佚。孟、京之《易》，韩之《诗》，公、穀之《春秋》，人尠传者。江左中兴，置博士九人，《易》惟立王氏，豫章内史梅颐奏上《古文尚书孔传》，遂立《书》孔氏、郑氏，《诗》惟立毛氏，《周官》《礼记》皆立郑氏，《春秋左传》立服氏、杜氏，《孝经》《论语》共立郑氏博士一人。荀崧请立郑氏《易》，公羊、穀梁《春秋》，值王敦之乱，不果。后增立《仪礼》《公羊》博士，员增至十六人，而不复分掌五经。于是家法沦亡，经学遂远不逮两汉。自中朝及于江左，经学之弊，略有数端：一曰尚浮虚而忽训诂。如谢万、韩康之注《易》，孙绰、李充、郭象之注《论语》，皆说以清谈是也。一曰工排击而罕引申。如顾夷之《周易》难王，关康之又申王难顾（《册府元龟》，亦见《隋志》）。孙毓评《毛诗》异同而朋于王，陈统又难孙氏。以及《礼》之争王、郑，

《左氏》之争服、杜是也。一曰废家法而矜私智。如刘兆作《春秋调人》七万言,陈邵评《周礼》异同,范宁注《穀梁》,义有不通即加驳难是也。一曰好撼拾而勦折衷。如杜预《左氏》攘贾、服之文,郭璞《尔雅》袭樊、孙之注,及张璠二十二家之《周易》,江熙十三家之《论语》是也。盖两汉经学,至此乃一变矣。

(七)南北朝经学

五胡云扰,晋室东迁。自拓跋氏倔兴①,而天下分为南北,经学亦遂画然为两派。《隋书·儒林传》曰:"南北所治章句,好尚互有不同。江左,《周易》则王辅嗣,《尚书》则孔安国,《左传》则杜元凯。河洛,《左传》则服子慎,《尚书》《周易》则郑康成,《诗》则并主于毛公,《礼》则同遵于郑氏。"是则汉学行于北,魏晋学行于南,此其证矣。今就南北朝诸史《儒林传》征之。北朝《易》学,自徐遵明以郑《易》教授,传于卢景裕,景裕传权会,会传郭茂,自是河朔言《易》者,皆出郭氏之门。南朝则自东晋时,已推立王弼,虽齐代王俭用陆澄之言,王、郑并行,然江南义疏十有余家,皆辞尚虚玄,义多浮诞(孔颖达《周易正义序》)。此南北《易》学之不同也。北朝《书》学,自徐遵明受学王聪,通郑氏《注》,递传李周仁、李铉、权会,下里诸生,略不见孔氏注解。南朝自梅颐献伪古文后,咸主《孔传》,齐姚方

---

① "倔兴",据文意似当作"崛兴"。

兴又分《尧典》为《舜典》,并妄增"曰若稽古帝舜"二十八字,采马、王之注,伪造《孔传》,孔子袪、张讥、费甝为之注疏。此南北《书》学之不同也。传《诗》学者,北朝有刘献之、李周仁、程归则、刘轨思、李铉、乐逊,大抵兼崇毛、郑。南朝①则伏曼容、何充、张讥、顾越,多出入于郑、王二家。此南北《诗》学之不同也。北朝《礼》学尤盛,徐遵明传郑氏《礼》,从之受业者有李铉、祖㒞、熊安生,而铉、安生尤为时所重。又有刘献之,亦精郑氏《礼》学。江左虽亦崇"三礼",然何佟之、何承天、沈不害、崔灵恩,咸兼采郑、王之说。皇侃疏《礼记》,既遵郑注,时乖郑义(《礼记正义序》)。国家典礼,亦多用王义(《魏书·李业兴传》,朱异问:"洛中委粟山,是南郊邪?"业兴曰:"委粟是圜丘,非南郊。"异曰:"比闻郊丘异所,是用郑义,我此中用王义")。此南北《礼》学之不同也。《春秋左氏》之学,北朝自徐遵明传服氏注,手写永嘉旧本,作《春秋章义》,传其业者有张买奴、邢峙、刘昼、马敬德、张思伯等,而乐逊、李崇祖(铉之子),亦申服难杜。南朝偏崇杜氏,故崔灵恩改说杜义,虞僧诞申杜难服。此南北《春秋左氏》学之不同也。至于《公》《穀》之学,北惟徐遵明、梁祚,南惟崔灵恩(作《公穀文句义》)、沈文阿,皆兼治三传,非专门之学。《论语》《孝经》,学徒莫不通讲(《北史·儒林序》)。而徐遵明

---

① 原作"大抵兼崇南朝毛郑",当有错简,今乙正。

说《论语》,则据郑氏;皇侃疏《论语》,则采江熙。梁代《孝经》,孔、郑并行。周、齐惟传郑义(《释文序录》)。则南北所尚亦殊。若南之荀昶(宋人,作《孝经集解》,以郑氏为优)、严植(治"三礼",笃好郑氏)、戚衮(从北朝宋怀方受学,通《仪礼》《礼记》),北之姚文安(治《左氏》,排服氏),则又立于风习之外者也。要而论之,经学当以北朝为优。《隋史》乃云:"南人约简,得其精华。北学深芜,穷其枝叶。"岂笃论哉?

(八)隋及唐初经学

南北分疆[①],至隋而一,经学亦然,而刘焯、刘炫集其大成。《隋书》云:"二刘出类拔萃,学通南北,博极今古,所制诸经义疏,缙绅咸师宗之。"今按:焯、炫同受《诗》于刘轨思,受《左氏传》于郭懋,问《礼》于熊安生,本北学也。然焯著《五经述义》,贾、马、王、郑多所是非。炫作《诗》《春秋》《论语》《孝经》述义,其自为状,谓孔、郑、王、何、服、杜等注并堪讲授。而《古文尚书》《古文孝经》之《孔传》,皆自炫而始传于北。是其学通南北之证。顾二刘虽为当时宗尚,而经学尚未定于一尊也。唐贞观七年,太宗以五经去圣久远,传习浸讹,诏颜师古考定,颁之天下。十六年,又诏国子祭酒孔颖达与司马才章、王恭等撰《五经义赞》,凡百余篇,后改为《正义》。博士马嘉运驳正其

---

① 原作"强",今据文意改。

失,更诏裁定。永徽四年,书始布下,明经依此考试。而贾公彦疏《仪礼》《周礼》《论语》(见《唐书·艺文志》),杨士勋疏《穀梁》,并行于时。由是,经本、经说皆归于一。考孔氏《正义》,兼采南北,而抉择实未精。疏《易》虽斥江南之浮诞,而仍用王、韩。疏《书》则以二刘为详雅,而专崇伪孔。《春秋》悉用刘炫,而并驳其规过之词。《礼记》多据皇侃,而敚参取安生之说。惟《毛诗》原本二刘,兼明毛、郑,稍为通博。而株守注说,无敢出入,则诸疏所同。此外,若贾氏之《仪礼》《周官》,杨士勋之《穀梁》,元行冲之《孝经》(今《孝经疏》乃元氏旧本,宋邢昺略有删节。元书成于开元时,此附及之),徐彦之《公羊》(徐彦,不知何时人,旧题为唐人,《四库提要》定其人在贞元、长庆之后,亦未确。观其文体及所引据,似是南北朝人。今姑从旧题,附及之),其体例一如孔氏。自兹以后,群以注疏为本,而隋以前诸学皆废。至于陆德明、王恭(作《三礼义证》)、朱子奢(梁儒,顾彪弟子,明《春秋》)、张士衡(贾公彦之师,受学于熊安生、刘焯),皆唐初名儒。然惟陆氏《经典释文》略存隋以前旧说,学者宝之。余则著述散亡,弗可得而论次矣。

(九)中唐以后至北宋经学

唐代勅撰《正义》,所以息六经之异说,而六经之异说乃即始于唐人。自武后时,王玄感著《尚书纠缪》《春秋振滞》《礼记绳愆》,当时已讥其掎摭旧义(《旧唐书·王玄感传》)。及开元时,玄宗诏卫包改《尚书》为今文,又改易《礼记》篇次,以《月令》为首(见新、旧《唐书》及《唐会要》)。元行冲亦申魏徵《类礼》,为之作疏(《唐书·元行冲传》)。郭京作《周易举正》,改易旧本。成伯玙作《毛诗指说》,以《诗序》为毛公所续。施士丐讲《毛诗》,以《传》为误(《唐语林》二)。啖助作《春秋集传》《例统》,摭讪三家,自谓名学(《新唐书·啖助传赞》。《赞》又云:"令后生诋前人,舍成说,而自为纷纷,助所阶矣")。赵匡、陆淳传之,匡作《纂类》,淳作《集传纂例》《辨疑》《微旨》等书。卢仝复有《摘微》之作(晁公武《郡斋读书志》云:共六十七事,不用传)。皆不信三传。而韩愈、李翱亦作《论语笔解》(此书或云伪作),缘词生训,异说日繁。其存于今者,惟李鼎祚《周易集解》,引汉魏旧说,足资考证。至史征之《周易口诀义》,则讲章之类也。唐末五代,经学废绝。逮宋初,诏邢昺补撰《论语》《尔雅》诸疏。邵武士人复撰《孟子疏》,伪称孙奭(见《郡斋读书志》。奭有《孟子音义》,伪疏之作当在北宋末,此附及之),虽侪于孔、贾,然肤浅不足观,聊以备数而已。于是学者说经,各任己意。自刘牧、邵雍,而《周易》有图书之学(刘牧作《易数钩隐图》,邵雍传陈抟之学,作《皇极经世》)。自欧阳修、苏辙,而《诗》有废《序》去《传》《笺》之说(修作《诗本义》,始多易《毛传》。辙作《诗集传》,始删《小序》)。自孙复、孙觉,而《春秋》有空谈褒贬之例（复作《春秋尊王发[①]微》，觉作《春秋经解》）。至于刘敞（作《七经小传》）、王安石（作《诗》《书》《周官》新义）、程颐（作《易传》）、苏轼（作《易传》《书传》）之徒争说经义，其门人弟子益加演述，而诸经之异说日滋，唐以前经学遂尽改旧观矣。

（十）南宋、元、明经学

中唐以后，经学之纷纭，自道学兴而后其论定，而集其大成者，厥为朱熹。今姑置道学渊源不论，专以关于经学者言之。始程颐作《易传》，专明义理。朱子因之作《本义》，兼采张、邵之言象数者补之。集《尚书》注（《朱子大全集》有稿数篇），口授蔡沈，以为《集传》。用郑樵之说，删去《小序》（樵有《诗辨妄》），作《诗集传》。采二程及其门人之说，作《论语》《孟子》集注。取《礼记》中《大学》《中庸》两篇，为之章句，合于《论》《孟》，谓之《四子书》。别作《或问》，明所以取舍诸家之意。杂采《戴记》诸子记传，附于《仪礼》，为《经传通解》。用汪应辰、胡宏之说，作《孝经刊误》。而程氏门人胡安国作《春秋传》（程氏作《春秋传》，仅成二卷），先已盛行。于是诸经自《周官》《礼记》外，皆有新本。理宗以后，列诸学官，用以取士。元代承之，延祐科举条制，《易》《诗》《书》《春秋》虽尚以新本与古注疏参用，而道学门户已成，讲学者悉蔑弃古说。至明永

[①] "发"，原作"废"，今据《郡斋读书志》改。

乐时,诏胡广等作《五经四书大全》,依宋元人旧本,剿窃成书(详见《四库提要》诸经大全目录下),著为令典。则举注疏而悉去之,并《礼记》亦废郑注而用陈澔(澔父大猷师饶鲁,鲁师黄幹,于朱子为四传弟子)。于是八比讲章之学兴,而经学荒芜极矣。综言其弊,盖有数端:一曰陋,空谈义理,昧于典制是也。一曰妄,连篇累牍,动称错简,分经析传,率意刊定是也。一曰杂,假借六经,自抒己意,语多附会,义等断章是也。一曰悍,疑注不已,至于疑经,《尚书》《毛诗》俱遭刊削是也。一曰诞,昌言心性,流入①狂禅,杨、谢开其源,陆、王扬其波,讫于明代,此风尤盛是也。一曰固,坚持门户,无敢出入,宁道周孔失,讳言程朱非是也。然疑《古文尚书》之伪,实始于朱子(阎若璩编《朱子古文书疑》一卷)。其门人黄幹(作《仪礼集传集注》,以续朱子之书)、杨复(作《仪礼图》),皆研精《礼》学,著述卓然可传。宋季王应麟(有《玉海》《困学纪闻》诸书,又辑《三家诗》《郑氏易注》)、黄震(有《黄氏日钞》,说经者甚多),皆深于经术,持论不为依阿。即其他宋、元、明人说经之书,亦复披沙拣金,往往见宝。是在学者博观而慎取之可也。

(十一)明末清初经学

道学统一天下,自宋迄明,四百余年。明嘉、隆以后,

---

① "入",原作"人",今据文意改。

杨慎(有《丹铅总录》《谭苑醍醐》等书)、陈耀文(有《正杨》四卷,驳升庵之说)、胡应麟(有《少室山房笔丛》正续集)诸人,号为博雅。所著书偶涉经义,稍稍引据古说驳难宋儒,然琐杂不足名家。其说经之书,如袁仁之《尚书砭蔡》《春秋胡传考误》、陆粲之《春秋胡传辨疑》,亦颇与宋儒别异。迄明末造,常熟钱谦益始倡言注疏之学(汲古阁本《十三经注疏》有钱氏序),桐城方以智著《通雅》,昆山顾炎武著《音学五书》,训诂、声韵之学始萌芽矣。炎武尤通经术,作《五经同异》《左传杜解补正》诸书,《日知录》中力辟宋以来空言说经之非,而教学者以读汉唐注疏。余姚黄宗羲作《易学象数论》,辨图书之谬。衡阳王夫之邃于经学,五经皆有撰述,其所考论,往往与后来汉学家暗合(《四库提要·春秋稗疏》下曾言之)。又为《说文广义》,虽于小学未深,实为治许书之先导。三君者皆宗宋学,而说经则兼采汉唐,无所偏主。清代经学之盛,谓三君为先河,可也。同时治经者,桐城钱澄之(有《田间诗学》《易学》)、吴江朱鹤龄(有《书埤传》《诗通义》《读左日钞》)、陈启源(有《毛诗稽古编》)、鄞万斯大(有《仪礼商》《学礼质疑》)、济阳张尔岐(有《仪礼郑注句读》),其学术皆与顾、黄相近。秀水朱彝尊作《经义考》,于宋人撰述亦颇著微辞。继其后者,山阳阎若璩作《尚书古文疏证》,定东晋晚出《书》为伪。又撰《四书释地》,多易朱说。德清胡渭作《易图明辨》,以辟陈、邵;又为《禹贡锥指》,尤号博洽。邹平马骕撰《左传事纬》,考证精详。萧山毛奇龄本文士,与阎若璩游,晚乃以说经著,嫉宋儒如仇,所作《四书改错》等书,攻朱子不遗余力。然学无条理,全祖望著《纠缪》攻之(《鲒埼亭集·毛检讨别传》)。其《古文尚书冤词》,或至比之醉人使酒(张穆《阎潜丘年谱》)。要其聪慧博辩,亦一时之选也。又有慈溪姜宸英、长洲何焯、吴江陈景云、钱塘冯景,亦尚博通,于经义时有所述。山阳张弨通小学,恪守《说文》,抑其次焉。然诸人之于经,皆未有汉学徽识,惟掖县王尔膂谓汉儒于经有家法,七十子之大义赖汉以存,穷经当以毛、何、郑为本(江藩《汉学师承记》)。武进臧琳作《经义杂记》,明于声音、训诂之学,解经悉本两汉,于《诗》《礼》二经王肃私窜以难郑氏者,尤能推见至隐(段玉裁《经义杂记序》),似乎专宗汉学。然王氏无所撰述,臧氏之书后人亦疑其玄孙镛堂有所附益,未足据信。其成学著系统者,则自乾隆始。

(十二)清乾嘉经学

当康熙之末至乾隆之初,海内儒流以说经著者,若无锡顾栋高(《春秋大事表》)、秀水盛世佐(《仪礼集编》)、鄞全祖望(《经史问答》)、吴江沈彤(《周官禄田考》、《尚书》《仪礼》《左传》小疏),皆工于考证,亦尚无汉学之名。其专家之学为后儒所宗祝者,则为吴县惠栋、休宁戴震。惠氏四世传经,自其曾祖有声,当明季,精于《诗》《春秋》《左氏》之学,传子周惕、孙士奇,仍世登甲科。周惕作《易传》、《春秋》《三礼》问及《诗说》，士奇作《易》《礼》《春秋》说。其说《易》，多取孟、京、郑、荀、虞氏而斥王弼，尤恶图书。说《春秋》，则原本三传，力斥啖、赵以来之谬。治《周礼》，则用杜、郑法，由古字古言以通大义。栋承家学，所诣益深，尤精于《易》，著《易汉学》《周易述》《易例》及《本义辨证》，言汉《易》者本之。于《书》有《古文尚书考》，于《礼》有《明堂大道录》《禘说》《周礼补注》，于《春秋》有《左传补注》。又撰《九经古义》，以博异闻、正俗说。震之学出于婺源江永。永学长于步算、钟律、声韵，尤深于《礼》，著《周礼疑义举要》《仪礼释宫增注》《礼记训义择言》《深衣考误》《春秋地理考实》《乡党图考》等书，而《礼经纲目》尤为精博。其于韵学，审音考古，足以补正顾氏。传其学者，歙方矩、郑牧、汪肇龙、金榜（有《礼笺》十卷）、程瑶田（有《通艺录》四十二卷），而震为最著。于《书》有《义考》（成《尧典》一卷），于《诗》有《毛郑诗考正》《杲[①]溪诗经补注》，于《礼》有《考工记图》，于小学有《尔雅文字考》《方言疏证》《声韵考》《声类表》。其学主于由文字以通训诂，由训诂以通义理。又作《原善》《孟子字义疏证》等书，原本古训，尽改宋人理道心性之说。自后天下言经学者，并称惠、戴。惠氏雅达广览，笃信好古。戴氏好学深思，实事求是。此其所异也。与惠、戴同时，被其流风者，则有嘉

---

① "杲"，原作"某"，今据文意改。

定钱大昕,于学无所不窥,说经能明汉儒家法,著《潜研堂答问》《十驾斋养新录》。王鸣盛著《尚书后案》《周礼军赋说》,亦称通儒。长洲褚寅亮治《礼经》,宗郑氏,著《仪礼管见》,驳元人敖继公之误;撰《公羊释例》及《周礼》《公羊》异义,肇今文学之始。余姚卢文弨精于校雠,有功经学。大兴朱筠论说经宗汉儒,刊布《说文》,以教学者。青浦王昶、献县纪昀,著述亦称引汉学。乾隆间,诏修《四库全书》,昀以侍读学士充总纂官,其《总目》言及经义,大率申汉抑宋,假诏旨之力,其书大行,于是汉学之帜始揭矣。栋弟子有吴县江声、余萧客。声为《尚书集注音疏》,萧客为《古经解钩沉》,皆缀次古义,罕下己意。声于小学尤笃信《说文》。震弟子知名者,金坛段玉裁、高邮王念孙、文登毕亨。毕氏书不传(包世臣《惠氏四世传经图跋》)。玉裁注《说文》,为《六书音韵表》,博大精深,言小学者宗之;又订正《毛诗传》,作《尚书撰异》《诗经小学》《周礼仪礼汉读考》。念孙疏《广雅》,以经传诸子转相证明,授子引之,为《经传释词》,明三古词义;又作《经义述闻》《读书杂志》。其小学训诂之精,魏晋以来未尝有也。自惠、戴以后,学术极盛,诸经皆有名家。《易》则阳湖张惠言,作《易虞氏义》及《易消息》《易事》《易言》《易礼》《易候》诸书,发明仲翔之学;又为《郑荀易义》及《易义别录》,以存孟、京各家遗说;复作《略义》以注《易纬》,作《条辨》以驳《易图》。江都焦循为《易学三书》,取诸卦爻文字声类相比者,触类而通,或以天元一术释之。虽异乎汉魏师法,亦足名家。元和李锐为《虞易略例》,甘泉江藩、上海李林松并为《周易述补》,以续惠氏之书。旌德姚配中为《周易姚氏学》,亦治虞《易》者后起之杰也。《尚书》则阳湖孙星衍,集《史记》《大传》、马郑说为《今古文注疏》。焦循释《禹贡》,明班氏、郑氏之学。阳湖刘逢禄述庄述祖之说,以注《书序》,撰《今古文集解》。《诗》则桐城马瑞辰、泾胡承珙,兼明《传》《笺》之义。长洲陈奂作《毛传疏》,删去《笺》说。此外,释地理者有焦循,正音韵者有曲阜孔广森、嘉定钱坫,其著者也。三礼之学,名者尤多。《仪礼》则张惠言之《图》,歙凌廷堪之《释例》,为读是经者之津梁。其释官制者,则有绩溪胡匡衷;考宫室者,则有临海洪颐煊;专说丧服者,则程瑶田及张履;疏古今文同异者,则胡承珙、德清徐养原;校勘文句者,则仪征阮元、嘉定金曰追。而匡衷之孙培翚,采辑众说,为之《正义》,精博胜贾《疏》矣。《周礼》则阳湖庄存与,著《周官记》《周官说》。其孙绶甲传其学,为《郑氏注笺》。南海曾钊撰《补疏》,专明先郑之学。徐养原考正故书。钱坫、阮元并解《考工》车制。嘉定王宗涑著《考工记考辨》,集众家之成。《大戴礼记》则有孔广森、汪照之《补注》,《小戴礼记》则有宝应朱彬之《训纂》。若阮元之于《曾子》十篇,洪颐煊之于《孔子三朝记》,长洲宋翔凤之于《大学》,钱塘黄模之于《夏小正》,则裁篇别注者也。若孔广森、临海金鹗、江都凌曙、当涂夏炘,则兼说三礼者也。《春秋》家之治《左氏》者,则有长兴臧寿恭、阳湖洪亮吉、嘉兴李贻德,皆辑刘歆、贾、服、颖、许古义,以证杜预之疏。钱塘梁履绳作《左通六书》,亦足补正杜、孔。仪征刘文淇考证南北朝旧疏,吴县沈钦韩为《补注》,尤详舆地。《公羊》之学,始于庄存与之《正辞》、孔广森之《通义》。逮刘逢禄为何氏《释例》及《解诂》笺,凌曙著《公羊礼疏》、注《春秋繁露》,推阐始精。句容陈立纂为《义疏》,益为繁博。《穀梁》之学,余姚邵晋涵尝作《正义》,而其书不传(见钱竹汀①《邵二云行状》);丹徒柳兴宗《穀梁大义述》,罕所发明;海州许桂林之《释例》、番禺侯康之《礼证》、嘉善钟文烝之《补注》,其书晚出,较精密矣。说《论语》者甚众,而宝应刘宝楠、恭冕父子为《正义》,集其成。《孝经》则有仪征阮福之《义疏》。《孟子》则有焦循之《正义》。其余总释诸经者,句读异同考于偃师武亿,文字异同释于嘉兴李富孙,校勘各本备于阮元,乌程严可均、嘉兴冯登府并考石经异字,《白虎通义》疏于陈立,《五经异义》疏于闽县陈寿祺,《高密遗书》辑于甘泉黄奭,唐以前说经佚书编于历城马国翰,皆足以扶微学,广异义。焦循绘宫室之图,兴化任大椿释弁服之例,虽但明一义,亦于经为有功。其他文集、札记中单篇通论醇美精确者,尚不可胜数。至小学,撰著尤多。《尔

---

① "钱竹汀",原作"钱竹江",今据文意改。

雅》则邵晋涵之《正义》、栖霞郝懿行之《义疏》，改郭、邢之陋。《说文》则曲阜桂馥之《义证》、严可均之《校议》，与段氏齐名。宋翔凤纂《小尔雅》之训，嘉定钱绎作《方言》之疏，任大椿考《字林》之逸，并辑唐以前小学书佚文。而阮元之《经籍纂诂》，尤训诂之渊海也（以上所举，不尽乾嘉间人，以类及之）。汉学既盛，天下皆厌薄宋儒。江藩撰《汉学师承记》，附记《宋学渊源》，尤多微辞讥诋，于是宋学顿衰。时则有桐城姚鼐，传其伯父范及乡人刘大櫆之说，尸祝方苞，奉程、朱为宗主，著《九经说》《三传补注》等书，尝言义理、考据、词章三者并重。顾其于性理学既不能上拟宋元，其考据比同时诸家益远不逮，独工为古文辞。鼐尝欲学于戴震，震谢之。又为孔广森作《仪郑堂记》，微言其非，广森与书辨之，故尤诋毁汉学。弟子方东树遂作《汉学商兑》，以攻惠、戴诸儒。此为乾嘉经学别派。然鼐所著经说，不为世重，师之者亦第传其古文义法而已。

（十三）道咸以后经学

道咸以后，经学之别有三。其一则沿乾嘉旧派者。前篇已附及之，兹更述其尤著者。德清俞樾，私淑高邮王氏之学，撰《群经平议》《茶香室经说》，而《古书疑义举例》尤精。定海黄以周，传其父式三之学，最邃于《礼》，撰《礼书通故》，以订三礼异义。瑞安孙诒让，撰《周礼正义》，精博为历来义疏之冠；又作《尚书骈枝》、《大戴礼记》《周书》

斠补,《经迻》《札迻》《名原》《古籀拾遗》诸书。其学兼乾嘉诸老之长,为有清一代儒林之殿。此外其名稍亚及闻见所不逮者,尚不能遍举也。其一则调和汉宋者。乾嘉以后,经生虽不用宋学,其讼言诋訾宋儒者亦甚尠,治汉学者时或流于烦碎。故山阳丁晏、当涂夏炘诸家,率兼取宋学,以救其弊,而番禺陈澧为最著。澧之学,奉郑君、朱子为主,作《东塾读书记》发其旨趣,采集汉人说义理者,为《汉儒通义》,以通汉宋之邮。同治以后,学者宗之,然大要仍本乾嘉诸儒说。若其于乾嘉学外别为一派者,则惟今文学。今文学始于庄存与之治《公羊》,其徒刘逢禄述之。存与犹治《周官》,不务攻驳古文学。逢禄始为《箴膏肓》《发墨守》《评穀梁废疾》,申何以难郑氏;又申汉博士之说,作《左氏春秋考证》。宋翔凤故治东汉学,而与逢禄游,亦治《公羊》,作《论语说义》,皆以《春秋》之义通之。阳湖李兆洛说《礼》,亦斥郑氏之用古文学。仁和龚自珍传训诂学于段玉裁,亦好今文学,仿董生为《春秋决事比》,又著《左氏春秋决疣》;言《礼》,斥《周官》为伪;言《诗》,非《小序》、毛、郑;又为《五经大义终始论》,以阐三世之义。邵阳魏源与自珍友善,作《春秋古微》,引《繁露》以说经。又为《诗》《书》古微,采齐、鲁、韩《诗》,今文《尚书》遗说,附以己意,力攻毛氏《序》《传》,斥马、郑《尚书》为伪。仁和邵懿辰作《礼经通论》,明十七篇为完书(邵氏非今文学,然其说与今文合,故今文家称之)。德清戴望、仁和谭献，其经学亦私淑庄氏。至若闽陈乔枞，辑今文《尚书》、三家《诗》遗说；吴江迮鹤寿明《齐诗》翼奉之学；刘恭冕述何休《论语》之义；会稽陶方琦纂辑《鲁诗》，皆治今文而不驳古文学者也。湘潭王闿运亦主今文学，遍注群经。其学流衍湘蜀，号为大师。弟子井研廖平，益加深邃。平游广东，述其说于南海康有为，有为窃之，作《新学伪经考》《孔子改制考》，风靡一世。然有为假其说以谈变法，希利禄，其为书，精者率本前儒及廖氏，他皆横决无伦类。其弟子梁启超辈，剽窃肤末，随时抑扬，小人之学，以为禽犊，而亦自名"今文"。斯则六经荒芜、学绝道丧之所由矣。

群经学说

（一）《周易》（节采陈澧《东塾读书记》）

《汉书·儒林传》云："费直……以《彖》《象》《系辞》十篇《文言》解说上下经。"（"十篇"二字当在"文言"二字下，文义乃顺。《释文叙录》无"十篇"二字）此千古治《易》之准的也。孔子作十篇，为经注之祖。费氏以十篇解说上下经，乃义疏之祖。费氏之书已佚，而郑康成、荀慈明、王辅嗣皆传费氏学。此后诸儒之说，凡据十篇以解经者，皆得费氏家法者也；其自为说者，皆非费氏家法也。

《儒林传》云："丁宽……作《易说》三万言，训故举大谊而已。"此班氏特笔也。训故举大谊，凡说经者皆然，岂复有加于此？而此独云"训故举大谊而已"，若有所减损者。汉时《易》家有阴阳灾变之说（《儒林传》："孟喜……得《易》家候阴阳灾变之书。"《艺文志》，《易》有《古五子》《杂灾异》《神输》之类），丁宽《易》说则无之，故特著之也。自商瞿至丁宽六传，而其说不过如此，此先师家法也。

焦循里堂云:"卦气值日,见《易纬稽览图》。《唐书》载一行《卦议》云:'十二月卦,出于《孟氏章句》。'孟氏所说,别无可核,惟见此议。然以《易》说历与以历说《易》,同一牵附。"《汉书·儒林传》言:"孟喜……得《易》家候阴阳灾变书,诈言师田生且死时,枕喜膝,独传喜。……同门梁邱贺疏通证明之曰:'田生绝于施雠手中,时喜归东海,安得此事?'"六日七分,即所得阴阳灾变,托之田生者。《艺文志》"《章句》,施、孟、梁邱氏各二篇",此乃得之田王孙者。《志》又言有《孟氏京房》十一篇、《灾异孟氏京房》六十六篇,此则所传卦气六日七分之学,梁邱氏疏通证明者也,班氏分析甚明。此言六日七分,必非《章句》中说,《章句》止二篇,而唐时所存十卷,以灾异羼入其中必矣(《释文叙录》,《孟喜章句》十卷)。虞翻自称传孟氏《易》,其说"七日来复",不用六日七分,有以也。纳甲、卦气,皆《易》之外道。赵宋儒者辟卦气而用先天,近人知先天之非矣,而复理纳甲、卦气之说,不亦唯之与阿哉!

卦气之说,十一月《未济》《蹇》《颐》《中孚》《复》,十二月《屯》《谦》《睽》《升》《临》之类,上下经、十翼皆无之,谓之外道可矣。十二消息卦之说,则必出于孔门。《系辞传》云"往者屈,来者信""原始反终""通乎昼夜之道",皆必指此而言之。故郑、荀、虞注《易》,皆用此说也(虞仲翔云:"《乾》为寒,《坤》为暑。谓阴息阳消,从《姤》至《否》,故寒往暑来也。阴诎阳信,从《复》至《泰》,故暑往寒来也。"案此泥于《说卦》"《乾》为寒"之说耳。"变通配四时",仲翔注云:"《泰》《大壮》《夬》配春,《乾》《姤》《遁》配夏,《否》《观》《剥》配秋,《坤》《复》《临》配冬。"此说则得之矣)。

张皋文云:"《乾》《坤》六爻,上系二十八宿,依气而应,谓之爻辰。若此,则三百八十四爻,其象十二而止,殆犹慊焉。"(《郑荀易义序》)澧谓郑氏爻辰之说,实不足信也。钱辛楣云:"康成初习京氏《易》,后从马季长授费氏《易》,费氏有《周易分野》一书,其爻辰之法所从出乎?"(《答问》)澧谓费氏惟以《彖》《象》十篇解说上下经,何以有分野之说?盖传其学者附会之耳。李鼎祚《集解序》云:"补康成之逸《象》。"然其书不采爻辰之说,是其有识也。

虞仲翔注《乾卦》云:"成《既济》。"惠定宇《周易述》云:"《乾》六爻,二四上,匪正。《坤》六爻,初三五,匪正。乾道变化,各正性命,保合太和,乃利贞。《传》曰:'利贞,刚柔正而位当也。'"澧案:《乾》之所以"利贞",以变《既济》而六爻各正。《既济·彖传》乃说"利贞"二字之通例。此虞氏之最精善处,亦惠氏最精善处。此真以十篇说经者矣。

《参同契》云:"三日出为爽震庚,受西方。八日兑受丁,上弦平如绳。十五乾体就盛满甲,东方。十六转受统巽辛,见平明。艮直于丙南,下弦二十三。坤乙三十日,东北,丧其朋。"虞仲翔尝注《参同契》,遂取其说以注《易》云:"日月县天,成八卦象。三日暮,《震》象,出庚。八日,《兑》象,见丁。十五日,《乾》象,盈甲。十七日旦,《巽》象,退辛。二十三日,《艮》象,消丙。三十日,《坤》象,灭乙。晦夕朔旦,《坎》象,流戊。日中则离,《离》象,就巳戊己。土位象见于中。"(《系辞上注》)澧谓《参同契》言丹法,儒者可置之不论。若说经,则不可不明辨之矣。如虞说有可通,有不可通。月三日生明,《震》象。十七日生魄,为《巽》象。十五日望,为《乾》象。三十日晦,为《坤》象。此可通者也。八日上弦,二十三日下弦,皆半明半魄,三画之卦岂得有半阳半阴者乎?其以八日为《兑》象,二十三日为《艮》象,不可通也。《坎》阳在阴中,《离》阴在阳中,月岂有明在魄中,魄在明中者乎?且谓晦朔旦为《坎》日中,则《离》岂有晦朔见月者乎?尤不通也("晦夕朔旦""日中"之语,《参同契》所无,虞所增也)。望前,月出地平,时日犹在天,人目不见。月故生明,必至日暮,乃见于西。上弦,必至日暮,乃见于南。望则日暮,即见于东。谓三日暮出庚,八日见丁,十五日盈甲,此可通者也。十七日暮后,月即见于东,何以待至天将旦、月至辛,方始见为《巽》象乎?二十三日夜半,月即见于东,何以待至天将旦、月至丙,方始见为《艮》象乎?此又不可通者也(王文简、焦理堂皆有驳虞之说,文多不录)。

钱辛楣《答问》:虞仲翔说《易》之卦,有失其义者,有自紊其例者（文多不录）。澧谓：仲翔最紊其例者，莫如《无妄》《大畜》二卦也。凡仲翔之卦之例，以两爻相易，而其余四爻如故。惟《无妄》注云："《遯》上之初，则以《遯》之上九，置于初六之下，而为初九。而初六为六二，六二为六三，九三为九四，九四为九五，九五为上九矣。"《大畜》注云："《大壮》初之上，则以《大壮》之初九，置于上六之上，而为上九。而九二为初九，九三为九二，九四为九三，六五为六四，上六为六五矣。"如《无妄》《大畜》之卦之例，是则两爻相易者，非也。如两爻相易之例，是则《无妄》《大畜》以上爻置初爻之下，以初爻置上爻之上者，非也。

"乾：元亨利贞。初九：潜龙勿用。"王辅嗣注云："《文言》备矣。""九二：见龙在田。"注云："出潜离隐，故曰见龙。处于地上，故曰在田。"此真费氏家法也。"元亨利贞"之义，"潜龙勿用"之义，《文言》已备，故辅嗣不复为注。至"见龙在田"，《象》曰："德施普也。"《文言》曰："龙德而正中者也。"又曰："时舍也。"皆未释"见"字、"田"字，故当为之注，而又不可以意而说也。《文言》曰："潜之为言也，隐而未见。"潜为未见，则见为出潜矣。潜为隐，则见为离隐矣。故辅嗣据彼以解此也。《系辞传》曰："兼三才而两之，故《易》六画而成卦。是五与上为天，初与二为地，三与四为人。初为地下，二为地上。"故辅嗣云"处于地"也。此真以十篇解说经文者。若全经之注皆如是，则

群经学说 ·75·

诚独冠古今矣。

朱竹垞《王弼论》曰："毁誉者,天下之公,未可以一人之是非,偏听而附和之也。孔颖达有言,传《易》者更相祖述,惟魏世王辅嗣之《注》独冠古今。汉儒言《易》,或流入阴阳灾异之说,弼始畅以义理。……惟因范宁一言,诋其罪深桀、纣……学者过信之。读其书者,先横'高谈理数、祖尚清虚'八字于胸中,谓其以老、庄解《易》。……吾见横渠张子之《易说》矣,开卷诠'乾四德',即引'迎之不见其首,随之不见其后'。二语中间,如'谷神''刍狗''三十辐共一毂''高以下为基',皆老子之言。在宋之大儒,何尝不以老、庄言《易》? 然则弼之罪,亦何至深于桀、纣耶?"钱辛楣亦云:"王辅嗣之《易》,何平叔之《论语》,当时重之,更数千载不废。方之汉儒,即或有间;魏晋说经之家,未能或之先也。"(《何晏论》)澧案:此皆公允之论也。宋人赵师秀诗云:"辅嗣《易》行无汉学。"百年来惠氏之学行,又无辅嗣之学矣。讲汉《易》者,尤推尊虞仲翔,谓仲翔传孟氏《易》,乃汉学也。然辅嗣传费氏《易》,独非汉儒耶? 辅嗣杂以老子之说,仲翔何尝不杂以魏伯阳之说耶? 在乎学者分别观之耳。

王辅嗣云:"夫《易》者,象也,象之所生,生于义也。有斯义,然后明之以其物。"(《乾·文言传》)又云:"爻苟合顺,何必《坤》乃为牛。义苟应健,何必《乾》乃为马。而或者定马于《乾》,案文责卦,有马无《乾》,则伪说滋蔓,难可纪矣。互体不足,遂及卦变,变又不足,推致五行,一失其原,巧愈弥甚,纵复或值,而义无所取。"(《略例》)朱子云:"案文责卦,若《屯》之有马而无《乾》,《离》之有牛而无《坤》,《乾》之六龙,则或疑于《震》,《坤》之牝马,则当反为《乾》,是皆有不可晓者。是以汉儒求之《说卦》而不得,则遂相与创为互体、变卦、五行、纳甲、飞伏之法,参互以求,而幸其偶合。……然其不可通者,终不可通。……唯其一二之适然而无待于巧说者,为若可信。然上无所关于义理之本原,下无所资于人事之训诫,则又何必苦心极力以求于此,而欲必得之哉?"(《易象说》)又云:"林艾轩在行在,一日访南轩……曰:'《易》有象数,伊川皆不言,何也?'南轩曰:'……《易》曰:公用射隼于高墉之上,获之无不利。如以象言,则公是甚射,是甚隼,是甚高墉,是甚圣人。止曰:隼者禽也,弓矢者器也,射之者人也。君子藏器于身,待时而动,何不利之有?'"

《乾》为马,又为良马,为老马,为瘠马,为驳马。《震》于马为善鸣[①],为馵足,为作足,为的颡[②]。《坎》于马为美脊,为亟心,为下首,为薄蹄,为曳。王辅嗣云"何必《乾》乃为马",岂不然乎?《巽》为木,而《坎》于木为坚多心,《离》于木为科上槁,《艮》于木为坚多节,然则何必《巽》乃

---

① "鸣",原作"呜",今据《周易注疏》改。
② "颡",原作"类",今据《周易注疏》改。

为木也。《坤》为地,而《兑》于地为刚卤。《坤》为大舆,而《坎》于舆为多眚。然则何必《坤》乃为地,为舆也。信乎!不可案文责卦也。

《日知录》:"圣人设卦观象而系之辞,若文王、周公是已。夫子作传之中,更无别象。……荀爽、虞翻之徒,穿凿附会,象外生象。以同声相应为《震》《巽》,同气相求为《艮》《兑》,水流湿、火就燥为《坎》《离》,云从龙则曰《乾》为龙,风从虎则曰《坤》为虎。十翼之中,无语不求其象,而《易》之大旨荒矣。"澧案:夫子作传,所以解经之取象也。如"潜龙"则解云"阳在下","牝马"则解为"地类"也。而荀、虞之徒,又于传中生象,诚有如亭林所说者矣。

《象传》有不释象者。"贯鱼,以宫人宠。"《象》曰:"'以宫人宠',终无尤也。"而不释"贯鱼"。"舍尔灵龟,观我朵颐。"《象》曰:"'观我朵颐',亦不足贵也。"而不释"灵龟"。"童牛之牿,元吉。"《象》曰:"六四'元吉',有喜也。""豮豕之牙,吉。"《象》曰:"六五之吉,有庆也。"而不释"童牛""豮豕"。"屯如邅如,乘马班如。匪寇,婚媾。女子贞,不字,十年乃字。"《象》曰:"六二之难,乘刚也。'十年乃字',反常也。""屯如"四句,但以"难"字包括之。"见豕负涂,戴鬼一车。先张之弧,后说之弧。匪寇,婚媾。往遇雨,则吉。"《象》曰:"'遇雨'之吉,群疑亡也。""见豕"五句,但以"群疑"二字包括之。夫《象传》而可不释象,又可以一二字包括数句之象。惟其为孔子所作,则无敢议者耳。如辅嗣注如此，近人必以为空谈，必每一物求一卦以实之而后可矣。然孔子所不释，后儒何由知之？且孔子所不释，后儒又何必知之哉？《系辞传》以"辞变象占"为圣人之道四。王辅嗣之注，尚辞者也。《直斋书录解题》议其去三存一，于道阙矣。王伯厚亦云："义理之学，以其辞耳，变象占其可阙乎？"（《周易郑康成注序》）澧谓：尚辞与尚变、尚象、尚占，各明一义。儒者之书，岂能备圣人之道乎？《传》曰："圣人之情见乎辞。"则尚辞者虽不能备圣人之道，固可以见圣人之情矣。盖所谓思过半者矣（如《文言传》说《乾》《坤》十二爻，《系辞传》说十九爻，此孔子所说，亦尚辞也）。

惠定宇《易》学，倾动一世。平心而论，所撰《易汉学》，有存古之功，孟氏、京氏，虽流于术数，然自是古学，学者所当知也。所撰《周易述》，渊博古雅，其改《明夷》六五之"箕子"为"其子"，而读为"荄子"，则大谬也。《汉书·儒林传》云："赵宾……以为箕子明夷，阴阳气无箕子，箕子者，万物方荄滋也。……云受孟喜，喜为名之。"此赵宾谓"箕子"二字为"荄滋"二字之误也。然则赵宾所见之《易经》，本是"箕子"二字矣。虞仲翔云："箕子，纣诸父。……五乾天位，今化为坤，箕子之象。"仲翔世传孟氏《易》，而不从"荄滋"之说，可见孟氏《易》不作"荄滋"矣。惠氏最尊虞氏，何以于此独不从虞氏乎？然使惠氏竟从赵宾，改经文为"荄滋"，犹为有所依据。乃改为"其子"，而读为"亥子",则并非从赵宾①矣。惠氏自为疏云:"蜀才从古文作'其子',今从之。"又云:"施雠读'其'为'箕',赵宾以为'其子者,万物方荄滋也'。"又云:"汉宣帝以喜为改师法,不用为博士,中梁邱贺之谮。班固不通《易》,其作《喜传》用雠、贺之单辞,皆非实录。"澧案:孟氏《易》乃今文,惠氏尊信孟氏,何以不从今文而从古文乎?谓"施雠读'其'为'箕'",此语见于何书?赵宾以为"箕子者,万物方荄滋",惠氏则云"赵宾以为'其子者,万物方荄滋'",又见于何书?(若赵宾云"阴其子者,万物方荄滋",则《鼎》初六"得妾以其子",赵宾何不改为"得妾以荄滋"?《中孚》九二"鸣鹤在阴,其子和之",赵宾何不改为"荄滋和之"乎?)谓梁邱贺谮孟喜,尤臆度之语。谓班固"用雠、贺之单辞,皆非实录",惠氏用何人之词为实录乎?赵宾谓"阴阳气无箕子",乃其巧慧之语。然阴阳气何以有帝乙,何以有高宗乎?惠氏谓五为天位,箕子臣也,而当君位,乖于《易例》,逆孰大焉?此欲以大言杜人之口耳。如此说,何以处虞氏乎?且《坤》六五"黄裳,元吉",惠氏注云"降二,承乾",君位可降乎?(顾亭林《与友人论〈易〉书》,驳凡五必为王者之说甚详)惠氏好改经字,此则改经并改史,而自伸其说,卒之乖舛叠见,岂得掩尽天下之目哉?

---

① 原作"赵从宾",据上文"然使惠氏竟从赵宾",此似是错简,当作"从赵宾",今乙正。

(二)《尚书》

《尚书》有今文,今文者,伏生所传二十九篇是也。有古文,古文者,得自孔壁,较今文增多十六篇者也。有东晋古文,元帝时梅颐所上,称孔安国传,分今文为三十三篇,增多二十五篇者也(篇目并见前)。疑东晋古文之伪,始于宋吴棫(有《书裨传》,今佚,不传)、朱熹(阎氏采朱子文集、语录中疑《古文尚书》之语,编《朱子古文书疑》一卷),元之赵孟頫(有《今古文尚书集注》,书佚,序见《松雪斋集》)、吴澄(有《书纂言》,不注古文),明之郝敬(有《郝氏书解》)、梅鹫(有《古文尚书考异》《尚书谱》)继之,而大畅于清阎若璩(有《尚书古文疏证》)、惠栋(有《古文尚书考》)。其说大旨不出数端:一则二十五篇文从字顺,不若今文之佶屈聱牙。一则古文篇数不与《汉志》合,篇名不与郑氏所述合。一则《书传》所引逸书古文皆具采之,而往往失其句读意义。一则古文剿袭经传诸子,无一语无来历。盖自是之后,《古文尚书》之为伪,遂成定论。姚鼐更条举其大背理者,谓显黜之不为过(《惜抱轩九经说》三)。惟阎氏同时毛奇龄,作《古文尚书冤词》,独持异议。然其所据者,《隋书·经籍志》云:"晋世秘府有《古文尚书》经文,今无传者。至东晋梅颐始得安国之传,奏之。"谓古文经出自孔壁,藏晋秘府,未尝亡佚。梅颐所上,只孔安国之传。沈彤驳之云:"《隋志》所云'今无有传者',

传即传授之传,明古文亡于永嘉,官私本皆绝也。云梅颐奏安国之传,不云经者,以上已言经文,此但言传,而经在其中也。安得误解之而妄据之哉?"(《果堂集·书〈古文尚书冤词〉后》)近乃复有扬其波者,党枯护朽,殊无取焉。

阎百诗云:"予之辨伪古文,吃紧在孔壁原有真古文,为《舜典》《汨作》《九共》等二十四篇。今之二十五篇,则晚出魏晋间假托安国之名者。此根柢也。"(《尚书古文疏证》卷八)案阎氏以汉古文篇目证东晋古文篇目之伪,是矣。然汉之逸十六篇,亦有可疑者。今文《尧典》一篇,兼记尧舜"月正元日"以至"陟方乃死",说舜功德始末完具,而古文乃别有《舜典》,不知更述何事,一也。今文《皋陶谟》一篇,述禹、皋、益、稷互陈谋谟之词已具,而古文乃别有《大禹谟》《弃稷》二篇,二也。《武成》逸文见刘歆《三统历》所引者,与《逸周书·世俘解》全同(见《汉书·律历志》),三也。郑注《毕命序》云:"今其逸篇有册命霍侯之事,不同与此《序》相应。"(案"同"字疑衍)四也。郑注《禹贡》引《胤征》"厥篚玄黄,昭我周王",与《孟子》述武王事语同,五也。尤可异者,古文《周官》《左传》,皆盛行于东晋以后,独《古文尚书》十六篇,自孔安国、都尉朝、庸生,以至卫、贾、马、郑,皆不为作注。钱大昕据马融《书传序》,以为由无师说(《潜研堂集》卷五《答问》),似矣。然何以经十数传尚无师说?且马、郑于逸篇之目,皆能说其事义(马注《原命序》云:"原,臣名,命原以禹、汤之道,我所修也。"郑注《旅獒》云："'獒'读曰'豪',西戎国人遣其酋豪,来献见于周"),郑氏并引其文(注《禹贡》引《胤征》,注《典宝》引《伊训》),则其书初非句奇语重必待师说而后通也。窃疑逸十六篇,盖《逸周书》、晚出《泰誓》之伦,非孔子删定旧本,其文与《尚书》必多不类,故古文家皆疑而不注。魏晋间作伪书者,盖亦亲见其书(《宋书·礼志》载高堂隆引《书》"曰若稽古,帝舜曰重华,建皇授政改朔",此必《古文尚书·舜典》之文,知魏代其书尚存),以其不可信也,于是聚敛经传诸子之文,别为一书。分《尧典》《皋陶谟》各为二篇,以合于《书序》,托为孔安国之传,以压抑马、郑。观其于他书所引逸书之语,几于攟拾无余,独于《胤征》《伊训》《武成》《毕命》之文,见于刘歆、郑玄所引者,悉置不取。又别作《泰誓》三篇,以塞马融之疑,其故盖可思矣。前儒刘逢禄(《书序述闻》)、宋翔凤(《尚书谱》)、邵懿辰(《尚书通论》)、王闿运(《今古文尚书集注》),及近人井研廖氏,皆尝疑《古文尚书》逸篇之伪,不可谓无理也。

汉博士以《尚书》为备,盖伏生以来相传之说。伏生,故秦博士,秦不焚博士所职之书,则伏生所传为《书》之全经审矣。自哀平以后,乃有伏生亡失数十篇,独得二十九篇之说(《史记·儒林传》亦有此语,疑为后人窜入);又有伏生女传言教晁错,错以己意属读之说(《汉书·儒林传》注引卫宏《古文官书序》),皆古文家所以抑今文者,不足信据。夷考其实,则古文家所训注者,仍伏生所传之书,特文字有异,说亦不同而已。今《今文尚书》既亡,马、郑古文亦佚,独伪孔本存。然伪孔本不能大异于马、郑(段玉裁《古文尚书撰异》详之),马、郑本亦不能大异于今文(《隶释》所载汉石经《今文尚书》与今本异同无多),《尚书》二十九篇①之全经,固未亡也。

《伪古文尚书》,其本亦数易。其初用隶体写古文,《伪孔序》所谓"以隶古定",今敦煌石室所得唐人写本《盘庚》《顾命》诸残卷是也。范宁作《集解》,悉改从隶体书之,陆德明《经典释文》所谓"范宁变为今文《集解》"是也。隶书世所通用,故南朝学者即用范宁之本改书孔本,《隋书·经籍志》载《今字尚书》十四卷,孔安国撰,是也(《志》又有《古文尚书》十三卷,汉临淮太守孔安国撰,则梅赜所上原本也)。唐天宝三年,玄宗命集贤学士卫包改古文为今文(见《唐书·艺文志》及《册府元龟》《文献通考》),则并古文假借、通用之字而悉改之(如《尧典》"寅浅内日"改为"寅饯纳日",《秦誓》"若弗员来"改为"若弗云来"),今世通行本是也。六朝唐人作义疏者,对孔氏古文言,则称马、郑本为今文,而孔本又自有今文、古文之别,学者所宜知也。自天宝以后,通行改字之本,而旧本藏于秘府,至唐末而遂亡。然陆德明云:"《尚书》之字,本为隶古,既是

---

① 原本作"二十篇",实当作"二十九篇",今改。

隶写古文,则不全为古字。今宋、齐旧本,及徐、李等音,所有古字,盖亦无几。"(《经典释文叙录》)是则所谓古文者,不过如《周礼》《汉书》略有古字及假借、通用之字而已。今敦煌石室所得唐写残叶,正与陆说相合。宋世所传《隶古文尚书》,晁公武《读书志》称吕大防得本于宋次道、王仲至家,公武又刻石蜀中,薛季宣据之作《书古文训》。其书字形诡异,正陆德明所谓"穿凿之徒,务欲立异,依傍字部,改变经文,疑惑后生"者(亦《释文叙录》语)。斯又伪中之伪也。

《汉书·艺文志》曰:"《书》者,古之号令,号令于众,其言不立具,则听受施行者弗晓。古文读应《尔雅》,故解古今语而可知也。"案说经必通训诂,此于诸经皆然,而在《尚书》则尤要。《史记》载《尚书》,多以训诂易经文,"钦若昊天"为"敬顺昊天","庶绩咸熙"为"众功皆兴",皆以今语改古语。是汉代儒者治《尚书》之法,皆以训诂为重,不通小学,不能治《尚书》也。

孔安国传固为伪书,然至今有万不能废者,则以欧阳、夏侯之书既亡,马、郑、王肃之注亦无完本,此书出魏晋间,犹为近古。且其义大半本于马融、王肃(孔传与[①]王肃注多同,《经典释文》、孔氏《正义》俱有其说。王义多同马氏,亦见《正义》中),时亦参取郑说(《东塾读书记》考出

---

① 原作"与孔传",似有错简,今乙正。

解《禹贡》三百里蛮、《洪范》农用八政二事,外此亦尚有之),纪晓岚谓其"根据古义,非尽无稽"(《四库提要》)。焦里堂谓"置其为假托之孔安国,而论其为魏晋间人之传,未尝不可与何晏、杜预、郭璞、范宁之传注并存而论"(《尚书补疏序》),皆通论也。孔颖达《正义》,于五经疏中虽为最下(《朱子语录》语),然六朝以前旧说多存其中,亦不可不肄业及之也。

清代治《尚书》者,阎氏、惠氏仅辨古文之伪而已。编定章句、为之注疏者,以江声《集注音疏》为始。江氏承惠氏之派,好以篆体改隶书,甚且改假借之字而从《说文》本字,又采《尚书大传》《史记》《汉书》称引之文以改今本。段玉裁作《古文尚书撰异》以救其失,其书辨正文字异同,及分析今文、古文,考正卫包妄改,颇多精审。谓伪孔本与马、郑本之不同,梗概已具于《释文》《正义》,不当于《释文》《正义》外断其妄窜,实江氏之诤友也。孙星衍《今古文注疏》,采辑旧说略备,疏义亦胜于江氏。至陈乔枞《今文尚书经说考》,于今文遗说搜讨无遗。治《尚书》者读此数书,可以通其义矣(王鸣盛《尚书后案》,专明郑义;魏源《书古微》,推明今文之义,皆有可采。然王氏失在阿郑,魏氏以马、郑古文为杜林漆书,与西汉古文不同。又臆补《舜典》《武成》诸亡篇,而以①《逸周书》数篇续《尚书》,皆

---

① "以",原重出,今删。

谬）。

《尚书》中《禹贡》《洪范》，儒者多专治之。洪范五行，本九畴之一，汉儒以五事以下概纳入之，附会休咎，人人异端，穿凿难信，后儒亦无治其学者。今但读《尚书大传》《洪范五行传》篇，知古有是说可矣。《禹贡》为舆地书之祖，宋程大昌、傅寅、毛晃，明茅瑞征、夏允彝，清胡渭、徐文靖，皆有专书考之，而以胡氏《锥指》最为精博。惟其词太繁衍，又多意必之词、近似之理（丁晏《锥指正误》语）。夫陵谷迁变，今古不同，《禹贡》治河，今无其事，但资考古，则推求禹迹，古说所得为多。《汉书·地理志》《水经注》，治《禹贡》者所宜考览也。

（三）《诗》[①]

《诗》，齐、鲁、韩三家为今文，《毛诗》为古文。然两汉今古文之争，《书》《礼》《春秋》最烈，而《诗》为杀。盖篇目、文字无大出入，训诂、名物亦无大异同，所争者《诗》之篇义而已。《毛诗》篇义与三家异，即三家自相异，而有其同者，则以诗有作诗之义，有读诗之义，有太师采诗、瞽矇讽诵之义，有用为乐章之义，有赋诗、引诗、节取章句之义，有赋诗寄托之义，有引诗以就己说之义（略本魏源《诗古微》、龚橙《诗本义》说）。四家各就所传说之，故多异义。学者涵泳经文以参观四家之说，于诗义思过半矣。

[①] 原无标题，今据文意补。

《诗序》之说,纷如聚讼。以为《大序》子夏作,《小序》子夏、毛公合作者,郑氏《诗谱》也(《释文》引沈重说)。以为子夏序《诗》,即今《毛诗序》者,王肃《家语注》也。以为卫宏受学谢曼卿作《毛诗序》者,《后汉书·儒林传》也。以为子夏所创,毛公及卫宏又加润益者,《隋书·经籍志》也。以为子夏惟裁初句,以下出于毛公者,成伯玙也。以为诗人所自制者,王安石也。以《小序》为国史旧文,《大序》为孔子作者,明道程子也。以首句即为孔子所题者,王得臣也。以为《毛传》初行,尚未有《序》,其后门人互相传授,各记其师说者,曹粹中也。以为村野妄人所作,昌言排击,则倡之者郑樵、王质,和之者朱子也(以上皆据《四库提要》所征)。清纪昀撰《四库提要》,定首二语为毛苌以前经师所传,以下续申之词为毛苌以下弟子所附。陈澧又据《终风》(《序》云:"卫庄姜伤己也。遭州吁之暴,见侮慢而不能正也。"陈氏谓:"若毛公时但有首句,则次章'莫往莫来'传云'人无子道以来事己,己亦不得以母道加之',所谓子者,谁乎?以母道加,谁乎?")《考槃》(《序》云:"刺庄公也。不能继先公之业,使贤者退而穷处。"陈氏意谓《毛传》所释,皆就'贤者退而穷处'为说)《羔裘》(《序》云:"刺朝也。言古之君子以风其朝焉。"陈氏意谓《毛传》但就'古之君子'为说)诸《序》,明其不然(《东塾读书记》)。然综观诸说,究以《提要》之说为近。陈氏所证,安知非续《序》者即《毛传》之意而衍之耶?

自郑樵以来,辨《诗序》者多矣。综其可疑最甚者,盖有数端。《国风》中,卫、郑、齐、秦多据《春秋内外传》事实为言,陈、曹则属之于世家中恶谥之君(如《陈风》刺幽公,《曹风》刺共公,及《唐风》刺晋僖公之类),羌无故实。至魏、桧之无世家可据者,则但以为刺时。明为附会,一也。《小雅》六亡篇,《序》释《南陔》之"陔"为"戒",释《白华》为"孝子之洁白",释《华黍》为"宜黍稷",释《由庚》为"物由其道",释《崇邱》为"高大",释《由仪》为"物得其宜"。显为望文生训,不见本诗,二也。《小雅·楚茨》以下十余篇,惟有颂美之词,初无讽刺之语,即《毛传》中亦多不说讽刺之意,而《序》以为刺幽王,三也。凡若此类,信《序》者虽曲为之说,究不足以服人之心。戴东原,汉学大师,而《杲①溪诗经补注》不尽用《序》说,其识在陈长发诸人上矣(戴氏《补注》仅存《周南》《召南》二卷)。

自《诗》置博士以后,两京《诗》学悉本三家。逮郑氏为《毛诗笺》,魏晋之间,其学盛行,而三家遂废。此一变也。《郑笺》多易毛义,王肃作《毛诗注》,自命述毛,又撰《义驳》《奏事》《问难》诸书,以攻郑氏。王基、孙毓、陈统,祖分左右,互相是非。至唐贞观,撰《正义》,定用《郑笺》,而王、郑之争始息。此又一变也。宋欧阳修、苏辙始非毛、郑,郑樵、王质始攻《小序》。朱子因之,作《集传》,元

① "杲",原作"某",今据文意改。

明以来,学者皆宗之。此又一变也。清代汉学家出,陈启源作《稽古编》,申明古义。朱鹤龄作《通义》,笃信《序》说。沿及乾、嘉,并崇古训。此又一变也。今文学家兴,龚自珍父子、魏源之徒,皆发明三家遗说,以难毛、郑。此又一变也。

综上所述论之(唐以前旧说无多,可置弗论),朱子作《集传》,改易旧说,盖实有见于《序》说之未安。且其所改者,亦多原本古书,不尽臆说(王应麟《诗考序》具言之)。沿其流者,遂乃尽废旧义,甚至取朱子所说为"淫诗"者举而删之(王柏《诗疑》),妄矣。汉学诸公,原文字之声类,考训诂,捃秘逸,一洗宋明空谈之陋。然治《诗》者,如段玉裁、马瑞辰、胡承珙、陈奂,诸所著书,皆详于训诂、音韵、草木、虫鱼,罕能推明大义,斯亦其弊也(《毛传》说大义者本少)。三家遗说什存一二,疏通证明可也,触类引伸亦可也。若牟廷相之《诗切》,凿空臆撰,词理鄙倍(如谓《桑中》刺丑夫欲得美室而不谐也,《有蓷》咏丑妇欲去其夫也,《葛生》刺寡妇不谨也,《东门之杨》咏夜游张镫也,《泽陂》嘲人怕妇也,《鱼丽》刺众客无廉耻而嗜饮食也之类),而自以为《鲁诗》(其《序》谓,说《诗》当黜郑笺、卫序,而寻浮邱、申培之坠义)。龚橙之《诗本义》,变乱篇目,无所根据(如合邶、鄘、卫为一,而尽易其次。《小雅》篇次,亦几全易之),而自以为三家,恐三家《诗》不任受也。学者取诸家之长而弃其短,斯可矣。

(四)《礼》

汉世所称《礼经》,为今《仪礼》十七篇,前篇已具言之。至合《周官》《小戴记》而称为"三礼",盖始于郑君,《仪礼·篇题》疏引《郑序》云"著'三礼'七十二篇"是也。自是之后,东晋立学,遂有《周官》《礼记》而无《仪礼》(《晋书·荀崧传》)。唐定《正义》,以《礼记》列于五经,而《仪礼》《周官》不与。然明经之试,犹以三礼并重(《唐书·选举志》:"明经之别,有五经,有三经,有二经,有学究一经,有三礼,有三传。"又以《礼记》为大经,《周礼》《仪礼》为中经)。宋以后,以经义取士,则以便于发题之故,专以《礼记》为经。沿习既久,乡曲之士几不知《礼经》为何物矣。

《礼经》十七篇,冠以明成人,昏以合男女,丧以仁父子,祭以严鬼神,乡饮以合乡里,燕射以成宾主,聘食以睦邦交,朝觐以辨上下。父子、君臣、长幼、夫妇、朋友之伦备于此,亲亲、尊尊、长长、男女有别之义具于此,所谓天下之达礼也。西汉经师,无言《礼经》有缺佚者。东汉古文学兴,于是始抑十七篇为士礼,而别有逸礼三十九篇。然考逸礼之文,如王居明堂、烝尝、中霤、迁庙、衅庙、公冠、投壶之类,比于十七篇,轻重大小,固自不侔。且公冠、投壶,特就冠、射二礼损益而成。王居明堂,文同《书传》。巡狩、封禅,辞类《管子》(《太平御览》引逸巡狩礼"三皇禅云云""五帝禅亭亭"等语)。郑氏注《礼》,虽引其文,而不为作注,殆与逸书十六篇同一难信。即非伪撰,亦只为周秦间故书雅记,或七十子后学者放依《礼经》所为,而非《礼》之正经也(以上略本邵氏懿辰说。邵氏非今文学家,并非汉学家,而其说则义据深通。[①] 丁晏驳之,非也)。若宋徐积、乐史、清毛奇龄并斥十七篇为伪书,则谬妄不足辨耳。

说《礼经》者,后苍《曲台记》不传,庆普、二戴之说仅有存者,惟郑氏《注》最古。自郑氏以前,皆但注《丧服》,无注全经者(《隋书·经籍志》有王肃《注》十七卷,《释文叙录》则云王肃但注《丧服》,孔、贾《义疏》及他书无引肃他篇注者,疑《隋志》有误)。六朝人义疏,亦是疏通郑义而已(《隋志》有《仪礼义疏》[②]二卷、《仪礼义疏》六卷,不著撰人姓名。贾公彦《疏》,其为义疏者,有齐黄庆、隋李孟悊二家)。郑氏以《礼》学名,"三礼"之中,《仪礼》尤为精邃(龚自珍《郑司农祀议诗》云:"堂堂十七篇,姬公发孔梦。经文纯金玉,注意峙麟凤。郑功此第一,千秋合崇奉。"龚氏说经,喜非郑氏,而其言如此,是公论矣)。贾公彦《疏》虽文笔拙滞,而能解明注义。朱子注经,多异旧说,独其为《仪礼经传通解》,则往往全录郑、贾之文,盖深知其善也(李如圭《仪礼集释》亦全载郑注)。元敖继公作《仪礼集说》,改易郑义,而谬误颇多(清褚寅亮作《仪礼管

[①] 原本作"以上略本邵氏非今氏懿辰说邵说则义文学家并非汉学家而其据深通",文意不通,当有错简,今据文意改。

[②] 原衍"见"字,今删。

见》,专驳敖说)。有明一代,此经遂成绝学。学官刊本经文,脱简至以十数。清代济阳张尔岐始为《句读》,自后通儒辈出,考论益详。而绩溪胡培翚撰《正义》,集其成,精博殆过贾氏。惜《昏》《乡饮》《乡射》《大射》《燕礼》五篇,为其门人江宁杨大堉所补,卤莽成书,漫无条理,不能无待于改作耳(湘潭王闿运之《礼经笺》、名山吴之英之《仪礼奭固》,其意皆欲驾乎郑氏之上,然实无以相过也)。

陈澧曰:"昔人读《仪礼》之法,略有数端。一曰分节,二曰绘图,三曰释例。得其法,则通此经不难矣。"案:《贾疏》于礼之仪节,已分段疏释,朱子更于每节下大书标明之。此后,张氏《句读》、吴氏廷华《章句》、胡氏《正义》,皆沿用其法,虽小有出入,而大端无殊。此不必更考者也。绘图始于宋杨复,清张惠言之图出而杨书废,然颇有杨图不误而张图转误者。近黄以周、吴之英所绘,又异于张氏。杨、吴之图,皆局于篇幅,不便观览,传写辄至谬误。当以张氏、黄氏为主,而采杨、吴之善者参之(杨氏固多疏略,而草创之功不可没。吴氏好为异说,可从者少,且为其门人摹绘,间有与其所说不合者。《宫室》总图,不绘平面,尤谬)。此有待于折衷者也。经之有例,记文已发之,注疏举出者尤多。凌廷堪作《礼经释例》,区为通例、饮食、宾客、射例、变例、祭例、器服、杂例八类,引经、记、注疏证明之,异同正变,一览憭如(江永有《仪礼释例》,仅及衣服,且未完备,盖未成之书)。惟缺《宫室》一例,当以李如圭《释宫》补之(此书朱子尝为考订,故朱子文集载之,然实非朱子作也。江永有《释宫增注》)。然宫室之制,异说甚多,李氏但主郑、贾之义,未尽确核。又当寻绎经文,参稽众说,以归于一。此又有待于补苴者也(凌氏《释例》,亦尚有误)。陈氏所言三事,为通此经之关键,故因其说而申言之。

南皮张之洞尝谓,"三礼"中,《仪礼》最为易治。以其仅十七事(《士丧》《既夕》《少牢》《有司彻》,本一篇而分为上、下,则仅十五事耳),而文质语简,历代治之者少,异说无多故也。惟《丧服》一篇,异义滋众,自七十子即有异同。两汉旧说虽尠存,而马融、王肃两家俱自为义例,与郑氏颇异。魏晋六朝礼服之说,《通典》礼类称引尤多。丧服人道所具,礼意至为精深,立教明伦,于今时尤有关系,学者所宜深思博考矣。

《小戴礼记》,自魏晋以来列于学官,而其名不见于《汉志》,故近人颇疑之。前卷篇目中已释其惑,今更考《后汉书·桥玄传》云:"七世祖仁从戴德学,著《礼记章句》四十九篇。成帝时,为大鸿胪。""德"当作"圣"。《汉·儒林传》云:"《小戴》授梁人桥仁、杨荣,家世传业,由是《小戴》有桥、杨之学。"据此,是《礼记》四十九篇,桥仁在成帝时已为之作《章句》,其辑自《小戴》甚明。古书不著录于《汉志》者甚多(王应麟《汉艺文志考证》已考之,《诂经精舍文集·策问》中论之尤详),不得以是为疑也。

《礼记》纷繁,较《礼经》尤为难治,以其篇各一事,而一篇之中又复错出他事也。刘向《别录》析之为通论、制度、吉事、丧服、祭祀、乐记、明堂、阴阳、世子法各类。自后,孙炎为《注》,以类相比。魏徵因炎所修,更加整比,谓之《类礼》(见新、旧《唐书》张说、元行冲传)。书皆不传。朱子以《冠》《昏》《饮》《射》《燕》《聘义》《丧服小记》《大传》《丧大记》《服问》《间传》《奔丧》《问丧》《曾子问》《檀弓》《祭统》《祭义》诸篇(案:尚有《三年问》《杂记》《丧服四制》三篇,亦应附入),附于《礼经》,以《曲礼》《内则》《玉藻》《少仪》《投壶》《深衣》为一类,《王制》《月令》《祭法》为一类,《文王世子》《礼运》《礼器》《郊特牲》《明堂位》《大传》《乐记》为一类,《经解》《哀公问》《仲尼燕居》《孔子闲居》《坊记》《儒行》为一类,《学记》《中庸》《表记》《缁衣》《大学》为一类(《文集·答吕伯恭问三礼目录》),大体得之。然一篇之中,尚须分析耳。注《礼记》者,《释文叙录》所载,有卢植、郑玄、王肃、孙炎、业遵、庚蔚之六家,惟郑《注》代列学官,余皆不传。郑君《礼》学专家,其注《戴记》,似不若《周官》《仪礼》之精密,然终非后世所能逮。孔颖达《正义》本之皇侃、熊安生旧疏,二人为南北《礼》学名家,故孔《疏》亦颇详赡。自后,两宋诸儒说此经者,荟萃于卫正叔(湜)。《礼记集说》,其中空谈义理,陈言甚多(《东塾读书记》语)。元陈澔之《云庄礼记集说》,尤为浅陋。明代乃废郑而用陈,可谓弃周鼎而宝康瓠矣(黄震

《黄氏日钞》，其说《礼记》，皆就卫氏《集说》，采其善者以为之注。吴澄《礼记纂言》，虽割裂经文，尚皆胜于陈氏也）。

以清代经学之盛，而注《礼记》者，所见止朱彬《训纂》、孙希旦《集解》二书，且皆未尽精善。其余零星考释者，亦较少于他经。故廖季平先生尝谓《戴记》如深山穷谷，人迹不到之处甚多，若能编辑诸儒之说，采其精善，补其漏略，纂为新义疏，以补胡（培翚）、陈（立、奂）、刘（宝楠）诸儒所未逮，则诚不朽之盛业。学者其有意乎？（此新义疏仍以发明郑义为主，不必高谈西京家法也。）

《大戴记》，今存者三十八篇，有北周卢辩注。清代注之者，有孔广森、汪照《补注》，王聘珍《解诂》。其他经说札记考之者亦颇多。而《三朝记》《夏小正》等篇，又有别行注本。且《大戴》较之《小戴》，篇目虽多，而文简义约，易于循览（《大戴·迁庙》《衅庙》篇，《小戴》悉入《杂记》。《曾子大孝》篇，《小戴》附《祭义》）。荟萃诸说，撰为义疏，其犹易于《小戴》也。

《周官》晚出，惟刘歆以为周公致太平之迹具在，于是古文学家翕然遵之。虽何休、临硕各有驳难，自郑康成出，而义得条通（贾公彦《序周礼废兴》）。魏晋至唐，无复异说。至宋世，苏辙、晁说之、胡宏、叶适、黄震诸人，群起疑难。颍滨谓其有三不可信（一疑王畿四方相距千里，如画棋局，与关洛地势不合。一疑封建制与《王制》《孟子》不合，郑氏周公斥大九州之说不可据。一疑井田、沟洫之制),五峰谓其设官冗滥,太宰之属六十三,无一官完善者。晁氏则以王莽、王安石之敛财聚货,黩祀烦民,皆为《周官》所致。水心谓孔孟皆未尝言及《周官》。东发则以设官之多,官之交互(例如太史、内史当属天官,乃属春官。大小行人、司仪、掌客当属春官,乃属秋官。地官掌造都邑、设封疆,而掌固、司险、掌疆又见于夏官。天官掌财赋,而泉府、库人、仓人又见于地官),条列而辨之(叶氏以上诸说,并见《文献通考》;黄说见《黄氏日钞》)。而张、程、朱诸大儒,则颇尊信之。惟以为有汉儒撰入(程子说),及节目有不可晓处而已(朱子说)。愚案:《周官》之真伪,及与诸书异同,可且无论。要其为设官分职之书,而不足以当《礼经》(《仪礼经传通解》)。朱子之说,固无可易耳。

汪容甫《周官征文》谓《周官》非伪,凡得六征。《逸周书·职方解》,即夏官职方氏文,一也。《汉·艺文志》,孝文时,魏文侯乐人窦公献其书,乃《周官·大司乐》章,二也。《大戴礼·朝事》载秋官典瑞、大行人、小行人、司仪四职文,三也。《礼记·燕义》,夏官诸子职文,四也。《内则》"食齐视春时"以下食医职文,"春宜羔豚膳膏芗"以下庖人职文,"牛夜鸣则庮"以下内饔职文,五也。《诗·生民》传"尝之日莅卜来岁之芟"以下肆师职文,六也。今案:《毛诗传》与《周官》皆晚出,且同为古文学,不足取证。《朝事》《燕义》《内则》,其文虽合,而《戴记》并不言是据

群经学说 ·97·

《周礼》。《周书·职方解序》明以为作于穆王之世,断非周公摄政典制(汪氏谓,述亦谓之作,乃遁辞耳)。《汉志》乐人窦公事,尤可疑。据《史记·年表》,魏文侯薨年,下距汉文帝元年,凡二百一十四年,窦公为乐人必不在龆龀(《御览》引桓谭《新论》,乐家书记窦公年十三,失明学乐),亦不必适在文侯之季,其献书亦不必适在文帝之初,则其年必二百四五十岁,古今无此老寿。桓谭称窦公百八十岁(《汉书注》、曹子建《辩道论》、《御览》引《新论》),相差亦且六七十年。窦公既未必有其人,则献《大司乐》章之事,盖亦出于附会。汪氏所举,殊不足征。陈兰甫谓:《礼记·杂记下》"赞大行曰"云云,《孔疏》云:"《周礼》有《大行人》篇……旧作《记》之前,有人说书,赞明大行人之事,谓之赞大行。"《郊特牲》"缩酌用茅明酌也"云云,《孔疏》云:"此记人总释《周礼》司尊彝沛二齐及醴盎之事。"《考工记》贾《疏》云:"此记人所录众工拟亡篇六十而作。"《大司马》"中冬教大阅群吏听誓于陈前",《郑注》云:"《月令》季秋之月,天子教于田猎,以习五戎,司徒搢朴北面而誓之,此大阅礼。实正岁之中冬,而说季秋之政。于周为中冬,为《月令》者失之矣。"据此四条,《周礼》若非周室典制,作《记》者何必赞之、释之?作《考工记》者何必拟之?且吕不韦作《月令》,本于《周礼》而犹有失,则《周礼》必远在不韦前(以上陈氏说)。其所证亦不甚确。《杂记》赞大行谓五等诸侯皆执圭,与《周官》大行人子男执璧不合(《郑注》云："作此赞者失之矣")，安得谓为赞《周官》之语？《郊特牲》文与司尊彝亦不吻合，郑引之以注《周官》，非《礼记》之释《周官》。《月令》季秋教习戎，尤显与《周官》不合，亦不得指为本《周礼》而失之。至《考工记》拟六十官，尤义疏家①臆测之词矣。

《四库全书总目》云："言《周官》真伪者，纷如聚讼。惟横渠《语录》云：'《周礼》是的当之书，然其间必有末世增入者。'郑樵《通志》引孙处之言曰：'周公居摄六年之后，书成归丰，而实未尝行。盖周公之为《周礼》，亦犹唐之显庆、开元礼，预为之以待他日之用，其实未尝行也。惟其未尝行，故仅述大略，俟其临事而损益之，故不与他经传合。'其说差为近之，然亦未尽也。夫《周礼》作于周初，而周事之可考者，不过春秋以后其东迁以前三百余年。官制之沿革，政典之损益，不知凡几。其初不过因其旧章，稍为改易，而改易之人不皆周公也，于是以后世之法窜入之，其书遂杂。其后时移世变，不可行者渐多，其书遂废。此如后世律令条格，数十年而一修，修则必有所附益，久之，其增删之迹遂靡所稽，统以为周公之旧耳。迨乎法制既更，简编犹在，好古者留为文献，此又如《开元六典》《政和五礼》，在当代已不行用，而今日尚有传本，不足异也。"案：纪氏之论通矣，然周室班爵禄，孟子已云其

---

① "家"，原作"冢"，今据文意改。

详不可得闻,假令当时有此巨帙流传,孟子无容不见。其他经传诸子所述周制,亦罕与之符契者,何欤?

如上所述,谓《周官》为周公所作,为周代制度,其说诚未足信。然宋儒及清代今文学家,必谓为刘歆伪撰,则亦未然。无论其书广大精密、盛水不漏(《朱子语类》语),非歆所能伪造。时汉武帝草《封禅仪》(《史记·封禅书》),河间献王作《乐记》(《汉书·艺文志》),已采《周官》,远在歆前(清代宗郑学者归狱王肃,治今文者集矢刘歆,皆桓谭所谓通而蔽也。近人《新学伪经考》遂以《史记》《汉书》凡涉及古文经传者,皆为歆所窜乱,益为妄矣)。盖此书乃六国时博雅君子因周制不存,据己意采简册摹略为之,意在草定典制以俟后世,故不惮与《诗》《书》、传记龃龉(略本廖氏说)。刘歆据之以攻今文,遂以为周公所作,郑众至谓即《尚书》之《周官》(见《贾疏》),皆非其实。要为先秦故书雅记,与《周书》《国语》相埒耳。

注《周官》者,杜子春发疑正读,有草创之功。二郑、贾、马继之,而集其成于后郑(康成注,仅《挥人》注引贾逵说一条,而不及马融。孙氏以为贾、马说其时盛行,故不备述,是也)。《贾疏》本之沈重,亦极精善(《朱子语类》:"五经疏,《周礼》最好")。至宋世,王安石之《新义》、王昭禹之《详解》、王与之《订义》,及叶时《礼经会元》、郑伯谦《太平经国》之书。迄元明,诸家多藉经文以发抒议论,下或推寻文句而已。清代诸儒说《周官》者,两《经解》外,尚多别行之书。近时孙诒让撰《正义》,采辑最博,疏释最精矣。

马融《周官序》言,刘歆以《考工记》补《周官》。陆德明《经典叙录》则云:"河间献王得《周官》,亡《事官》一篇,购以千金,不得,取《考工记》补之。"(《隋书·经籍志》同,郑《目录》则泛言汉初)至《考工记》所由来,则书缺有间。案:《记》称秦郑、胡粤(郑即韩也),皆六国时人语,其文辞体格与《周官》略同。窃疑其即《周官》本书,刘歆诸人必欲以《周官》为周公作,因以《记》为聊备大数耳("备大数"语,亦见郑《目录》)。专说此《记》者,世传有唐杜牧《注》,乃伪书。宋林希逸《鬳斋解》,亦颇疏浅。盖《记》中轮舆、沟洫诸制,皆非通算法不能明。清代儒者多明算术,故考之最精。戴(震)、程(瑶田)、钱(坫)、阮(元)、王(宗涑)、郑(珍)诸家,各著专书,超轶前代矣。

通考"三礼"之书,徐乾学《读礼通考》、秦蕙田《五礼通考》最为繁博。然采摭虽多,而断制未精。盖徐、秦两书,皆兼史学,不专为治经而作也。江永《礼书纲目》,因朱子、黄幹旧本,重为编类。哀集经传,该备而无遗;离析篇章,有条而不紊(《原序》语)。治《礼》学者,最便考求,而止于纂录旧文,未遑考说。外此,清代说《礼》之书,多见于两《经解》中。近世黄以周撰《礼经通故》,综贯群经,博采众说,实事求是,惟善是从(俞樾《序》语)。名物诸图,亦较聂崇义(《三礼图集注》)、刘绩(《三礼图》)之书过之远甚,治《礼》学者所不可不读也。

(五)《春秋》

《孟子》曰:"世衰道微,邪说暴行有作,臣弒其君者有之,子弒其父者有之。孔子惧,作《春秋》,《春秋》天子之事也。是故孔子曰:'知我者,其惟《春秋》乎! 罪我者,其惟《春秋》乎!'"又曰:"王者之迹熄而诗亡,诗亡然后《春秋》作。晋之《乘》,楚之梼杌,鲁之《春秋》,一也。其事则齐桓、晋文,其文则史。孔子曰:'其义则某窃取之矣。'"(《公羊·昭十二年传》曰:"《春秋》之信史也。其序,则齐桓、晋文。其会,则主会者为之也。其词,则某有罪焉矣。"与《孟子》文略同)盖《春秋》大义,在诛讨乱贼,以戒后世。其微言则在改立法制,以致太平。《孟子》此二章,发明经旨,义极闳远。且谓《春秋》作而天下一治,比于禹抑洪水,周公兼夷狄、驱猛兽。又历叙舜、禹、汤、文、武、周公,而以孔子作《春秋》继之,推尊至极。故赵岐注于此两章,皆以《公羊》素王之说解之(朱子《集注》引胡氏曰:"罪孔子者,以谓无其位,而托二百四十年南面之权。"《集注》又云:"仲尼作《春秋》,以讨乱贼,则治世之法垂于万世,是亦一治也。"皆与《公羊》说合)。素,空也,谓空设一王之法,即《孟子》"有王者起,必来取法"之意。非谓孔子自王,亦非称鲁为王。后儒于《孟子》则信之,于《公羊》则疑之,可谓知二五而不知十矣。

《孟子》明言孔子作《春秋》,则《春秋》是作而非述。

《孟子》明言其事其文其义，则《春秋》重义不重事，是经而非史。盖史者，据事直书，如其事而止。经则以义为主，凡所纪之事，皆以明义。苟无当于其义者，虽大事不悉书。苟可以见义者，虽小事必具录。此《春秋》之为经，所以与史异也。自古文学兴，直以《春秋》为记事之史，且以左氏五十凡，皆周公旧典，孔子据以笔削（杜预《春秋左传集解序》）。则是孔子之于《春秋》，但有钞录、校勘之劳，不可谓之为作。且时日不详，始末不具，纪事之史从无阙略。如是者，若非左氏有传详叙其事，则《春秋》一经，诚王安石所谓"断烂朝报"而已，《孟子》乃极口推崇，何哉？

近世章炳麟谓，《春秋》所以独贵于诸史者，古史皆藏之故府，不下庶人，自孔子修《春秋》，发金匮之藏，被之萌庶，令迁、固得持续其迹，讫于今兹耳。孙小子耿耿不能忘先代，然后民无携志，国有与立。又言，国之有史久远，则亡灭之难。自秦以后，四夷交侵，而国性不坠，非《春秋》，孰维纲是意？盖谓即以《春秋》为史，亦无损于孔子之圣。其说亦自可取，但以记事而论，《春秋》之略，远不逮左氏之详。非有左邱明，则孔子之功亦几不可见。至其谓编年之史始于周宣，五十凡为史籀、尹吉甫成式，尤属无稽之谈。又谓经史分部始于荀勖，以今文学家异《春秋》于史为非，不知经史之异，在性质，不在形貌。以太史公之闳意眇指，犹自谓整齐故事，不敢拟于《春秋》，可知经史自有区别。徒执目录家经史部录之法言之，于义无当也（太史公书不妨附《春秋》家，而《春秋》自非《史记》之比）。

董仲舒曰："孔子知时之不用，道之不行也，是非二百四十二年之中，以为天下仪表，贬天子，退诸侯，讨大夫，以达王事而已矣。曰：'我欲载之空言，不如见之行事之深切著明也。'"案：所谓行事，即《春秋》所书二百四十年之事实也。孔子知道不行，而作《春秋》，斟酌损益，立一王之法，以待后世。然不能实指其用法之处，则其意不可见，即专著一书，以明立法之意，仍是托诸空言。故不得不借当时之事，以明褒贬之义，即褒贬之义以为后来之法。如借鲁隐之事，以明让国之义；借祭仲之事，以明知权之义；借齐襄之事，以明复仇之义；借宋襄之事，以明仁义行师之义，非为鲁隐、祭仲诸人作佳传也。明乎借事托义之旨，乃可以读《春秋》矣。

《史记·十二诸侯年表序》曰："孔子明王道，干七十余君莫能用，故西观周室，论史记旧闻①，兴于鲁，而次《春秋》。约其辞文，去其烦重，以制义法。王道备，人事浃。七十子之徒口受其传指，为有所刺讥褒讳挹损之文辞，不可以书见也。鲁君子左邱明惧弟子人人异端，各安其意，失其真，故因孔子史记，具论其语，成《左氏春秋》。"案：此言《春秋》有经无说之故，及《左氏传》之作所由，皆至明确。《春秋》之经，非有传说不能明，孔子既有所隐辟，不

---

① "闻"，原作"文"，今据《史记》改。

自为书。又古代简策繁重,著录至难,故但以经旨口授弟子。诸弟子中,子夏尤能明之,《春秋说题辞》云"《春秋》属商"是也。由子夏以来,至汉初,始著竹帛,而有《公羊》《穀梁》二传。公羊、穀梁两姓,他无所见(宋人罗璧已有此疑,《礼记·檀弓》"啜巾以饭,公羊贾为之也"。自《公羊传》外,只此一人。穀梁则无征矣。近人皮锡瑞谓公羊贾即《论语》之公明贾,因谓公羊高即《孟子》之公明高,似亦未可据),盖即卜商之转音。言《公羊》者,有高、平、地、敢、寿五传(徐彦《疏》引戴宏《序》),言《穀梁》者,有赤(桓谭《新论》)、寘(《论衡·案书篇》)、俶(《释文叙录》引《七录》)、喜(《汉书·艺文志》注)四名,皆似非其实。二传虽源出子夏,而世代辽远,口说流传,不能无所异同,且不能无所失遗。然就所传者观之,固皆《春秋》之微言大义。舍二传而求《春秋》之义,是欲出而不由户也(《左传》所由作详后)。

公羊家言,《春秋》有五始(元年、春、王、正月、公即位)、三科九旨、七等(州、国、氏、人、名、字、子)、六辅(公辅天子、卿辅公、大夫辅卿、士辅大夫、京师辅君、诸夏辅京师)、二类(人事、灾异)之义,三科九旨尤为闳大。何休《文谥例》曰:"三科九旨者,新周故宋,以《春秋》当新王,一科三旨也。所见异辞,所闻异辞,所传闻异辞,二科六旨也。内其国而外诸夏,内诸夏而外夷狄,三科九旨也。"宋均《春秋纬注》曰:"三科者,一曰张三世,二曰存三统,三曰异外内。九旨者,一曰时,二曰月,三曰日,四曰王,五曰天王,六曰天子,七曰讥,八曰贬,九曰绝。"其说三科与何氏同,而九旨别出为异,当以何义为正。三科之说,三世、外内,《传》有明文,三统则无之,故尤为后儒所疑怪。然董子《春秋繁露·三代改制质文》篇说其义最详。《公羊》之著竹帛,始于胡毋生,与董子著书同时,必是先师口传大义。且《公羊·宣十六年传》:"宣谢灾,何以书?记灾也。外灾不书,此何以书?新周也。"此新周之明见于传者。何《注》"孔子以《春秋》当新王,上黜杞,下新周而故宋"是也。而孔氏广森释之云:"周之东迁,本在王城,及敬王迁成周,作传者号为新周,犹晋徙于新田,谓之新绛,郑居郭郐之间,谓之新郑,非如注解。"不知传上文已云"成周者何?东周也",已释成周之义,此数语则释书灾之义。襄九年宋火,《传》曰:"外灾不书,此何以书?为王者之后记灾也。"合之此传,其义自明。若如孔氏说,则所答非所问矣(孔意谓《春秋》以成周后果为周之新都,故同于京师,而录其灾,说殊牵强)。陈氏澧乃谓《公羊》"新周"二字,至巽轩①乃得其解,何欤?(《史记·孔子世家》"作《春秋》,据鲁,亲周,故殷,运之三代",义与董、何合。"据鲁",即所谓托王于鲁也。"亲""新"字同。"运之三代",即所谓以《春秋》继周、宋为三统也。司马贞《索隐》

---

① "巽轩",原作"巽轩",今据文意改。

云："以鲁为主，故曰据鲁。时周虽微，而亲周者，以见天下之有宗主也。"斯真郢书燕说矣。)

《穀梁》与《公羊》源出一家，皆始为口传，后著竹帛。今以较《公羊传》，有《公羊》有其义，而《穀梁》无之者，如张三世、存三统诸例是也。有同有其义，《公羊》略而《穀梁》详者，如日月①例是也。有同一义而所配经文不同者（啖助云："《公羊》《穀梁》，初亦口授，后人据其大义，分配经文"），如大居正之义，《公羊》系之鲁隐公，《穀梁》则系之宋宣公②。讥父老子代从政之义，《公羊》未知其在齐在曹，《穀梁》则系之曹世子射姑是也（桓九年）。有《公羊》详其事，而《穀梁》则从略者，如翚帅师（隐四年），《公羊传》述翚弑隐公事，《穀梁》则但云与乎弑公，故贬不称公子。叔孙豹、鄫世子巫如晋，《公羊传》言鄫求后于莒事，《穀梁》于莒人灭鄫传（《穀梁》"鄫"作"缯"），但云立异姓以莅祭祀（襄四年、五年）是也。有《公羊》之义而存为别义者，如公子庆父帅师伐于余丘，《穀梁传》："其一曰，君在而重之也。"（《公羊传》："邾娄之邑也，不系乎邾娄，国之也，曷为国之？君存焉尔。"）子叔姬卒（文十二年），《穀梁传》："其一传曰，许嫁以卒之也。"（《公羊传》："此未适人，何卒？许嫁以矣。"）皆即《公羊》义是也。其他大同小

---

① "如日月"，原作"如日如月"，"如月"之"如"当为衍字，今删。
② "穀梁则系之宋宣公"，原置于"公羊未知其在齐在曹"后，当为错简，今移至此。

异，尤不可缕举。乃汉儒如董江都、何邵公俱攻《穀梁》，郑康成谓《穀梁》近孔子，《公羊》正当六国之亡（《王制》疏引《释废疾》），陆德明谓公羊高受之于子夏，《穀梁》乃后代传闻（《经典释文叙录》）。后人因之，纷纷争二传先后，殊可不必耳。

《左氏传》一书，尊之者谓其好恶与圣人同，亲见夫子。攻之者谓其不传《春秋》，不祖孔子（《后汉书·范升传》），自成一家，书不主为经发（《晋书·王接传》）。蒙谓当以《史记·十二诸侯年表》所述为得其实（文见前）。曰鲁君子，则非亲从受业之人。曰惧弟子失其真，则其所以作传记事之故。曰因孔子史记具论其语，则兼有鲁旧史之文、孔子新经之义。盖《春秋》重义不重事，故弟子所传，亦在义而不在事，然苟其事无征，斯其义亦不信。左氏之详其事，正所以明其义，不特凡例书曰之文为释经（此类反有非左氏之旧者，说详后）。即叙事之文，亦与经义相启发，虽其中有兼存鲁史记旧文者，且有后人附益者，要其书实为《春秋》而作，固凿然不诬。刘逢禄据太史公但称《左氏春秋》，因谓《春秋左氏传》为东汉后以讹传讹之名（《左氏春秋考证》）。不知左氏为《春秋》作传，而称之曰《左氏春秋》，犹之《诗》称《鲁诗》《齐诗》《韩诗》《毛诗》，《书》称《欧阳尚书》《大小夏侯尚书》，《礼》称《大戴礼》《小戴礼》，何独疑于左氏乎？《汉书·艺文志》叙《春秋》，略本《史记》，而益以"末世口说流行，故有公羊、穀梁、驺氏、夹氏"云云,则古文家抑扬之词也。)

左氏托经义于记事之中,明夫子不以空言说经(《汉志》语)。其于二传,有相成而无相违,如郑伯克段于鄢,《公羊》训克为杀,谓杀谓之克,大郑伯之恶。《穀梁》亦谓"克,能也,能杀也,甚郑伯之处心积虑成于杀也"。左氏则谓太叔出奔共。且于伐许之役,记郑庄"有弟糊口四方"之语。又于厉公复国,记复公父定叔之事,以见共叔之有后。于郑,是段实未杀,而《春秋》之书克,以大其恶,甚其恶者,义乃愈明。且克段一篇,叙郑庄之处心积虑成于杀段,亦千载如见。得左氏之事,而《公》《穀》之义益著矣。又如邲之战,《公羊》以为不与晋而与楚子为礼,《繁露·竹林》篇亦云:"《春秋》之常辞,不予夷狄而予中国为礼。至邲之战,偏然反之。……晋变而为夷狄,楚变而为中国。"左氏则详言楚之德,立刑政,成事时,典从礼顺,及其师之不骄、不老与有备。又记楚庄拒京观之请,称引《诗》颂,敷陈武德,润色经术,俨然三代令王。晋之诸臣,则皆嚣愫骄愎,自取覆败。而《公羊》夷狄晋、中国楚之义,乃不烦言而解矣。他如臧僖伯、哀伯之谏书,申缙、众仲之数典,皆以经义托于时人,变空言为实事。其于二传,可以互相证明。惟无经之传,则是左氏兼存旧史之文,而读左氏者乃一概以记事之史视之,浅矣。(许桂林云:"左氏就《公》《穀》二传,左右采获,曼衍成一家书。如传称'郤子登,妇人笑于房',前后无言郤克眇跛之文,则何者可笑乎？此用《公》《穀》之说，而失为照应者也。崔杼弑庄公，《公羊》无传，《穀梁》但有'庄公失言淫于崔氏'八字，左氏叙述琐细，毋得因《穀梁》一'淫'字，生此文情乎？是因《公》《穀》之说，而巧为傅①会者也。钼麑、灵辄，《公羊》皆无姓名，《左氏》之钼麑不见赵盾，退而触槐，其言谁闻之？其名谁问之？翳桑饿人，《左氏》明著灵辄，而后乃云问其名居，不告而退。是用《公》《穀》之说，而失于检点者也。'公子益师卒，公不与小敛，故不书日'，此用《公》《穀》之说，而暗为淫释者也。有用《公》《穀》之说而更易词语者，'公即位，而欲求好于邾'，即'及者内为志'之说是也。有因《公》《穀》之说而张皇润色者，'盟于召陵''吴入楚'之类是也。有因《公》《穀》之说可疑而酌为改易者，如'星陨如雨''鄫季姬来宁'之类是也。有《公》《穀》所略而乘之为详者，鄢鄢陵诸战之类是也。有《公》《穀》所详而避之为略者，春王正月祭伯来之类是也。有《公》《穀》所有则不道者，侠为所侠、赤为郭公之类是也。有《公》《穀》所无则自为者，公会齐侯、郑伯伐许之类是也。有因《公》《穀》难通，自绎前后经文出新义者，因前有裂繻，改纪子伯为子帛之类是也。有自出新义，又觉难安，更出别义，寓于传中者，如尹氏卒，改为君氏，又②于隐

---

① "傅"，原作"传"，今据文意改。
② "君氏又"，原作"君又氏"，似有错简，今乙正。

公羊传内存尹氏之文是也。文人之心，翔天入渊，无所不至，不必尽实事也。"案：许氏说未必尽确，然读左氏者，当知此意，故附录之。）左氏以叙事为解经，故解经之语甚少。且解经之语，或转有出于后人附益者，如五十凡例，说左氏者所据为要旨，而杜预且以为周公手定者也。其弑君、称君君无道、称臣臣之罪诸例，显与《春秋》惧乱贼之义相背，姑置无论。即就传文核之，亦多违反。如云："凡师，敌未陈曰败某师，皆陈曰战。"而文十年经书秦晋战于令狐，《左传》则曰晋人潜师夜起，岂皆陈乎？又如："凡去国，国逆而立之，曰入。复其位，曰复归。诸侯纳之，曰归。以恶曰复入。"而《庄六年传》五国诸侯逆王命以纳卫侯，《经》乃书卫侯朔入于卫，何也？又如："凡邑有宗庙先君之主曰都，无曰邑。邑曰筑，都曰城。"而定十五年，城漆，漆为邾邑，岂得有宗庙先君之主邪？此外书、不书、故书、先书、君子曰之类，杜预指为孔子笔削新例者，亦多不可通，昔人已有纠摘，而莫谬于杀大夫不称名非其罪之说。杜预执以为例，遂于孔父、仇牧、荀息、洩冶、邴宛，皆积累其恶，以为《春秋》罪贱之。至于贤奸颠倒，而考之左氏本文，则殊无其义。盖左氏初出，学者见其解经者少，与二传绝异，遂以意附益之，而不知其与传文谬戾也（《汉书·刘歆传》云："初，《左传》多古字古言，学者传训故而已。及歆治《左氏》，引传文以解经，转相发明，由是章句、义理备焉。"刘申受据此谓左氏凡解经之语，皆刘

群经学说 ·111·

歆所附益。然桓五年甲戌己丑陈侯鲍卒，《左传》云再赴也，《史记·陈杞世家》采之。则左氏本有解经之语，特歆辈又续有增益耳）。善乎陈澧之言曰："左氏不通之说，指为后人附益，乃厚爱左氏，非攻击左氏也。"（《左氏·文十三年传》云："其处者为刘氏。"《正义》云："讨寻上下，其文不类，深疑此句或非本旨。盖汉室初兴，左氏不显于世，先儒无以自申，插注此辞，将以求媚于世。"刘文淇《旧疏考证》据《襄二十四年疏》云"炫于处秦为刘，谓非邱明之笔"，以此疏为刘炫《述义》之文，是也。然则左氏有附益之语，六朝人已言之。啖助以后，证明尤多。以皆无关经旨，故不具列。）

西汉说《春秋》者，皆本《公羊》，间据《穀梁》。虽古文家治左氏者，亦阴用二传，杜预《集解序》谓"古今言《左氏春秋》者……引《公羊》《穀梁》适足自乱"可证也。自杜预之注行，简二传以去异端，始专据左氏为说。魏晋以后，今文学绝，而《左传》孤行，南北朝经生所争，惟服、杜异同得失而已。唐陆淳始本啖助、赵匡之说，杂采三传，以意去取，合为一书，遂开宋元明人说《春秋》之派。弃二传师师相传之义，并左氏之事实亦或颠倒改窜之，而凭私臆决，自谓得圣人之旨，诚所谓《春秋》之失乱矣。学《春秋》者，宜以《公羊》为本，而佐以《穀梁》、左氏，稍稍下采啖、赵而止。宋以后之书，黄茅白苇，罕逢精义，不必涉览以耗日力也。

西汉五经,今文学惟《公羊传》巍然独存。何邵公《解诂》,谨守家法,而援据闳通,一变博士章句之陋。《疏》题徐彦,不详其时代,宋董逌以为唐贞元、长庆后人,清王鸣盛、严可均、洪颐煊均以为六朝人作。盖其所引用者,皆刘宋以前书,文体亦与唐人经疏颇异(《四库提要》谓葬桓王一条,全袭杨士勋《穀梁疏》,不知乃杨袭徐耳),则亦经疏中最古之本也。清代治《公羊》者,始于庄存与之《正辞》、孔广森之《通义》,然皆乱以宋元人说。巽轩不信"三统""三世"诸例,论者尤讥其买椟还珠。自刘逢禄作《释例》及《解诂笺》,乃纯然一家之学。其后有凌曙之《公羊礼疏》《繁露注》,陈立之《义疏》,魏源之《古微》,王闿运之《笺》,廖平之《补证》,推究益加精密。治《公羊》者,以《注疏》及《繁露》为本,辅以清代诸家著述,于传义必有得矣。

《穀梁传》,唐初犹有汉尹更始《章句》、魏糜信《注》(见《释文叙录》),今皆不传,惟范武子《集解》尚存。范氏于《春秋》之学,本非专门,其《序》评论三传,各指其失。又谓三传殊说,则择善而从;择善靡从,则据理以通经,已开啖、赵之先。故于传义,有所不通,辄加驳诘。杨士勋《疏》,亦循文衍义,罕所发明。宋孙觉《经解》,多宗《穀梁》。崔子方《本例》,专主日月,亦非《穀梁》专家之学。清代有许桂林之《释例》,侯康之《礼证》,柳兴恩之《大义述》,钟文烝之《补注》,廖平之《古义疏》《起起废疾》《释范》诸书,其所发明,胜于旧注疏矣。

《左氏》贾、服《注》，近人辑本仅存十之一二。惟杜氏《集解》独行，杜又别有《释例》一书，虽自立新说，颇异汉儒，亦卓然成一家之学。《孔疏》本于刘炫《述义》，仅于其规杜百余条加以驳难（刘文淇《左传旧疏考正》），故亦颇通博。啖、赵以后，名为束阁三传，独究遗经，实则事迹全本《左传》（陆氏《纂例》云："左氏……功最高……能令百代之下，颇见本末"）。特其所褒贬论断，不尽用传义及杜氏义而已。左氏之文，体大物博，故治其书者，多究心于古字、古言、名物、训诂，而转略于义例。明之陆粲（《左传附注》）、顾炎武（《左传杜解补正》），清之惠栋（《左传补注》）、洪亮吉（《左传诂》）、梁玉绳（《左通补释》）、臧寿恭（《左传古义》）、李贻德（《贾服注辑述》），著书皆然。其考历法者，古有杜预（《春秋长历》），近世有陈厚耀（《春秋长历》）、汪曰桢（《春秋长历补》）。释地理者，古有京相璠（《春秋土地名》），近世有徐善（《春秋地名考略》）、江永（《春秋地理考实》）。宋程公说之《春秋分纪》，清顾栋高之《春秋大事表》，皆以治史之法治之。其据左氏而言《春秋》义例者，元有赵汸之《集传》，清代则尚未见专书。仪征刘文淇，病《孔疏》之钞袭割裂，别作《义疏》，属稿未①就，其子毓崧、孙寿曾、曾孙师培，四世相继，竟无成书，斯可惜也。

---

① "未"，原作"末"，今据文意改。

经学论文选

三家《诗》无《南陔》六篇名义说

郑君注《礼》时,未见《毛诗》,故说《诗》多本三家。然赖此可存三家《诗》义于一线。昔人辑逸书者,搜采略备。余读《礼经注》,又得昔人所未发者一事。则《南陔》六篇篇名篇义,三家《诗》并无是也。乡射礼,乐《南陔》《白华》《华黍》,笙《由庚》《崇邱》《由仪》。郑注云:"六者皆《小雅》篇也,今亡,其义未闻。"夫《毛诗》有《序》,三家《诗》亦有《序》,郑君所谓义正指《序》说也(《毛诗序》古亦名"义")。今《毛诗》实有六篇之《序》,而郑曰"未闻",则三家《诗》无此六篇之《序》明矣。既无《序》说,必无空存篇名之理。盖亦如《狸首》《新宫》之类,但见其名于《礼经》,而本经无也。然单文孤证,不足据信,请更因郑说而广征之。《史记》曰:"孔子去其重,取可施于礼义者,凡三百五篇。"《汉书》曰:"孔子纯取周诗,上取殷,下取鲁,凡三百五篇。"《汉书·王式传》云:"臣以三百五篇谏。"张揖注《上林赋》云:"《小雅》之材七十四人,《大雅》之材卅一人。"今去六篇，实符此数。太史公、班固、王式、张揖，并习《鲁诗》，是《鲁诗》无此六篇之证也。《汉书·昌邑王传》，龚少卿云："大王诵《诗》三百五篇。"翼奉传《齐诗》，有四始五际之说，近人据《诗纬·氾历枢》"四牡在寅""嘉鱼在巳"之语，推得其法，以诗三篇当一支，而以孟、仲、季分之。如《鹿鸣》《四牡》《皇华》为寅宫，《伐木》《天保》《唐棣》为卯宫，《蓼萧》《湛露》《彤弓》为辰宫，《鱼丽》《嘉鱼》《南陔》为巳宫是也。若厕《南陔》六篇于中，则于支无所当。少卿、翼奉，并传《齐诗》，是《齐诗》无此六篇之证也。赵岐《孟子篇叙》云："文章多少，拟其大数，不必适等，犹《诗》三百五篇，而《论》曰'《诗》三百'也。"赵岐习《韩诗》，是《韩诗》无此六篇之证也。其余如《乐纬动声仪》《尚书纬·璇玑钤》《诗纬·含神雾》，并云"《诗》三百五篇"（见《诗正义》引）。纬书出于汉初，多本三家，而皆无称三百十一篇者，则三家并无此六篇，又一确据矣。或谓使三家并无此篇名，郑君何以知为《小雅》篇？不知此因上歌《鹿鸣》《四牡》《皇皇者华》，及歌《鱼丽》《南有嘉鱼》《南山有台》，并是《小雅》，故逆亿之，非空说也。郑注《周礼》"九夏"云："《颂》之类也。"又注《燕礼》"升歌《鹿鸣》，下管《新宫》"云："《新宫》，《小雅》逸诗篇名。"宁得谓三家之《颂》《雅》，有《九夏》《新宫》篇名乎？且郑注又云："周公制礼作乐时有此篇，后世衰微，稍稍废弃。孔子曰：'雅、颂各得其所。'谓当时在者而重复杂乱也，乌能存其亡者乎？

且正考父校《商颂》十二篇于周太史,至孔子时五篇已,此其信也"云云①。此可证郑所见三家《诗》无此篇名,故如孔子时已亡之论。及见《毛诗》,乃改其说为孔子后始亡耳。近人辑三家《诗》者,仍列此六篇之名,又以意改易篇次,殆近于郢书燕说焉。

问者曰:大著据郑注《仪礼》,证三家《诗》无《南陔》六篇篇名篇义,诚核诚确。然三家《诗》既已无《序》、无篇名,《毛诗》何得独有?则或谓毛据《仪礼》,姑存其目,及为《诗序》者,因题敷衍以补之之说,或不为无所本乎?谨答之曰:是不然,三家之与毛异者,非但文字之微而已。有毛有其句,而三家无之者,如《缁衣》,《左传》引《都人士》首章,郑君、服虔之注,并以为逸诗。《左传》引"我之怀矣,自诒伊戚,何以恤我,我其收之"(即《周颂》之异文),服虔亦以为逸诗(今在杜注中,杜时《毛诗》已盛行,不容不见,其误袭服注可知),而毛有之,是也。有三家有其句而毛无之者,《周颂·般》篇末,三家有'于绎思'一句(《孔疏》引崔灵恩《三家集注》,今本《毛诗》亦有,乃后人据崔本增入)。《小雅·雨无正》篇,《韩诗》有"雨无其极,伤我稼穑"二句(《集传》引刘安世说),而毛无之,是也。

---

① 此条原作"且郑注又云,周公制礼作乐时有此篇,后世衰微,稍稍废弃。孔子曰,雅、颂各得其所。谓当时在者重复杂乱也,乌能存其亡者时五篇而乎?且正考父校《商颂》十二篇于周太史,至孔子已,此其信也云云"。当有错简,今据《仪礼注疏》卷四改。

句且互有存佚,则篇名或有或无,非异事矣,安人执此而横生异议乎?《书传》中逸诗篇名甚多,即《仪礼》中《燕礼》《大射礼》,亦有《狸首》《新宫》之名,毛何不一一载之?岂毛但读《仪礼》,而不读他书?且但读《仪礼》之《乡饮礼》,而不读《燕礼》《大射仪》欤?故谓毛据《仪礼》姑存其目者,梦呓之论也。至以《序》为因题敷衍而作,其持之有故者三,今为之摧其坚,蹈其隙,以箴彼膏肓,坚吾墨守焉。其一潘氏说,则谓《诗》之名篇,惟取首句,未尝以命篇取义。今《白华》则取洁白,《南陔》则取相戒,其为望文生义显然。于前潘晋台,于后魏源,皆持是说。姜氏炳璋云:《白华》为刺幽王,见于变《雅》,何以知为孝子之诗?"庚"有多义,何以见万物得由其道?可见作《诗序》①者已颂全文,凿空杜撰,岂能至是?《诗序》间有与诗中字偶同者,如《汉广》"德广所及"之广,非即"汉广"之广;《旄邱》"刺卫伯"之伯,非即"叔兮伯兮"之伯。安见絜白即为《白华》,相戒即为《南陔》也?三百篇亦有即篇名已见其义者,如《螽斯》多子,美子孙众多;《葛屦》凉薄以刺俭;《北风》疾厉以刺虐。此类不可更仆。如以《序》与篇名相合,疑其不见全文,将谓序《螽斯》者,只见"螽斯"二字乎?其说可以洞发症结矣。其一魏源说,正《雅》言五事,安得有孝子相戒以养,及孝子絜白之《序》?然则《唐棣》之诗,燕

---

① "诗序",原作"诗",今据文意改。

兄弟也，何以入正《雅》？孝子养亲，孝子絜白，王泽洽，王道备，孰有大于是者？乌在其非王事也？魏源谓燕兄弟者，文、武之政，故在文、武之篇。然则孝子相戒以养，孝子洁白，非文、武之政耶？（凭取妄决，不顾其后）其一魏源说，《汉志》言《诗》遭秦而全者，以其讽诵不在竹帛故也。如《郑笺》谓众篇之义，合编故存。是存亡皆以竹帛，不以讽诵。考《汉志》云"以其讽诵不独在竹帛"，"不独"云者，非尽讽诵可知。况讽诵但是诗辞，非必并《序》。《诗》以讽诵存，《序》以竹帛存。《郑笺》之说，明明可据。乃臆删《汉志》"独"字，以诬班史，诬郑君，诬毛公，三君子者，不任受也。《诗序》首一句为毛公以前经师所传，以下为毛公以后所加，《四库提要》已定其论。此六篇无以下之《序》，而云有义无辞，盖初序时得见全文，故知其义，毛以后，诗辞已亡，故无续序。可证《提要》说之确。则《毛诗》篇《序》，非出臆撰，信而有征。安得以三家所无，而斥毛为臆说哉？

原载1942年4月15日《志学月刊》第4期

《狸首》逸诗辨

问者曰:《狸首》之诗,千古聚讼。以为逸诗,而仍以《射义》曾孙侯氏当之者,先、后郑也。以原壤登木之歌当之者,前有吕氏、吴氏,后有江氏。以《鹊巢》之诗当之者,前有刘氏,后有魏氏。宜何从?

答曰:诸家说均未必确,与不得已,后郑最为近之。而仍先从郑以为曾孙侯氏,则非也。请先破诸家之疑误,而后决郑注之从违。

吕氏之说曰:"篇首相同。"破之曰:伯夷歌曰:"登彼西山兮,采其薇矣。"箕子歌曰:"彼狡童兮,不与我好兮。"宁戚歌曰:"南山矸,白石烂。"可谓《采薇》《狡童》《南山》之诗乎?正《小雅》有《白华》,变《小雅》亦有《白华》,使孝子洁白之《白华》,篇名不存,将以变《小雅》之《白华》,当正《小雅》之《白华》矣。且天子诸侯,谓之大射,而歌诗乃有"执女手之卷然"之语,何其亵也!吕氏其何说之词。

吴氏知其说不通,乃改读"女"为"汝","卷"为"婘"。

江氏又读"卷"为"惓",解为家人相见,慰劳之辞,以附合《射义》乐会诗之义。而于下文"诸侯以时会天子为节"句,已不可通。吴氏又谓《狸首》二句,与《还》及《遵大路》相似,为风诗体。然《狸首》既与《采蘩》《采蘋》相次,则当在二《南》中,二《南》无此文体也。吴氏、江氏,其何说之词。

刘氏之说曰:"《狸首》《鹊巢》,篆文相近。"然考之篆体,不过略近耳。且王氏驳之曰:《大戴·投壶记》,凡《雅》二十六篇,可歌者《鹿鸣》《狸首》《鹊巢》《采蘩》《采蘋》《伐檀》《白驹》《驺虞》。明明二篇并举,其说尤信(魏氏谓《大戴礼》不足信,天下安有可信之书)。原刘氏之意,不过取其与《采蘩》《采蘋》《驺虞》皆二《南》篇。夫不顾其义,而惟取于二《南》,则二《南》岂特四篇哉?刘氏其何说之词。

某氏曰(记曾见有此说,翻检未得其名):"《诗经》篇名,多有互异。《还》可作《营》,《唐棣》可作《夫移》,安在《鹊巢》不可作《狸首》?""夫子之营兮","夫移之华",可也。今改"惟鹊有巢,维鸠居之",为"维狸有首,维鸠居之",可乎?某氏其何说之词。

魏氏之说云:"汉初《周官》《仪礼》,初出崖壁,皆科斗文字。儒者习闻苌弘有《狸首》之诗(见《史记》《汉书》),求诸《礼经》,见《鹊巢》篆文与似,因《一切》读为《狸首》。"姑无论《鹊巢》夫人之德(三家《诗》义亦用,据郑注《仪礼》

知之),无乐会时之义,而改《诗经》明明可据之《鹊巢》,以为经中所无之《狸首》,汉博士必不荒陋至是。后庆、二戴,礼家大师,亦必不据以作《记》,况《周官》《礼经》,盛时典制。苌弘所作,乃在衰周,必如所言,则东周之新歌,跻之成王、周公,而马、班之博学,贤于后庆、二戴乎？魏氏其何说之词！

请更举正郑注之违失。

歌诗为节,诗不容长,故《乡射礼》之笙歌,且以《草虫》篇繁,越取《采𬞟》(说具《诗正义》)。据《大戴》所载云:"曾孙侯氏,今日大射,四正具举,大夫君子,凡以庶士,小大莫处,御于君所,以燕以射,则燕则誉(亦见《射义》)。质参既设,执旌既载,干侯既亢,中获既置,弓既平张,四侯且良,决拾有常,既顺乃让,乃揖乃让,乃陟其堂,乃节其行,既志乃张,射夫命射,射者之声,御车之旌,既获卒莫,嗟尔不宁侯,为尔不朝于王所,故亢而射汝。强食,食尔曾孙,侯氏百福。"其文方之《草虫》,不啻倍蓰。其不可信者一。㮚氏为量之铭,梓人祭侯之语,《士冠礼》之冠辞、礼辞、醮辞,《士昏礼》之父醮子辞,并是韵语,曾孙之诗,正其族类,可悉目为逸诗乎？其不可信者二。盛世佐云:"凡以乐节射,不取其义。"今"曾孙侯氏"以下,皆言射事,与《采𬞟》诸篇不协。其不可信者三(胡氏培翚据《射义》"驺虞者,乐官备"诸语,驳盛氏"不取其义"之说,为显背《记》文,不知盛氏所谓"义",谓"不取其有射事",

胡氏不足为难也)。《诗谱》云:"今无《狸首》,周衰,诸侯僭而去之,孔子录诗不见也,为记者存之。"是则秦火前已亡之篇,辞出自秦火已后,而末学之掇拾乃劝于孔子。其不可信者四。墨守郑注诸君子,其何说之词!

知诸说之非,而《狸首》之为逸诗明矣。郑君以为逸诗,其说郅确,而又从先郑之说,遂滋魏氏列于《南》则文不类,列于《雅》则武王散军郊射。其时雅、颂未作之疑,而开孔子以前并无此诗。非删非逸之妄,今定其说为逸诗,以息聚讼。如有胶执郑义,及申吕氏、刘氏说,以难之者,请与往复,必得当乃已。

原载1942年5月15日《志学月刊》第5期

《唐写残本〈尚书释文〉考证》叙

唐写残本《尚书释文》，出于敦皇莫高窟。海盐张氏景印入《涵芬楼丛书》，钱唐吴绡斋侍读作《校语》二卷。曩读其书，病其疏漏已甚。复校以薛季宣《书古文训》本及山井鼎所称"足利本"，别为《考证》。后闻马君、吴君检斋已有所作，遂弃诸敝篋，未以示人。会华西大学编辑校刊，征文于余，乃检旧稿，略整理之。马君书余未得读，吴君所考《舜典篇》载于《国学杂志》。有所采录，悉著其名，未敢掠美。至吴氏《校语》，舛误孔多，偶辨一二，不暇致详。览者当自知之也。丙子九月，成都龚道耕。

原载1937年1月《唐写残本〈尚书释文〉考证》卷首，成都华西协合大学哈佛燕京学社

书《古文尚书疏证》后

阎百诗《尚书疏证》末篇,论孔安国不当罢从祀,因及诸儒从祀之当否,自以为无私喜怒,可以质鬼神,俟后圣。由今观之,如所议后苍、诸葛亮、范仲淹诸事,今祀典多同之,则所自信者不虚矣。余更有疑者数事,郑康成囊括大典,蔚为儒宗,传注之功,罕有伦比,学如考亭,且称之大儒,乃以信纬一事遽罢祀,岂直道邪?刘昭《续汉志》云:"康成注《中候》,才及注纬时。"然则康成注纬先于注经,盖其时俗尚内学,非精图纬,不名通儒。康成又志在网罗百家,故早岁不免疲神于此,亦犹程、朱生佛老盛时,浸淫二氏者有年耳。以浸淫二氏之故而废程、朱,知百诗必不出此。且朱《易本义》用六日七分之说,本于《易纬·稽览图》。《洛书》四十五点,邵雍以后,传为秘钥,实出于《易纬·乾凿度》。蔡沈《书集传》,引《洛书·甄曜度》《书纬·考灵耀》,论周天度数,又引《河图·帝览嬉》黄道赤道数语。然则以纬注经,宋儒亦有之。且朱子注《参同契》、邵雍撰《皇极经世》,非康成注纬之类乎?百诗之言曰:"贾逵以附图谶罢矣,何休以注《风角》等书罢矣,不罢康成,无以服贾、何之心。"余则以为不罢朱子、邵雍、蔡沈,无以服康成之心也。百诗改祀康成于乡之说,本于程敏政。敏政请更祀典一疏,疵谬不少。如以言方术罢刘向,以附谶纬、注《风角》罢贾逵、何休,亦可以注《参同契》罢朱子;以觟法罢戴圣,亦可以聚敛罢冉有;以短丧罢杜预,亦可援以罢宰我。以《家语》所无罢秦冉、颜何、申党,则不知《家语》为伪书(此条阎已驳之)。至郑众、卢植、服虔、康成,改祀于乡之说,尤为荒谬。毛大可诋为悖诞不学,诚非过当。而百诗大然之,且以为援经据义,懔如秋霜。乌在其能通古今,辨然否也?敏政又谓程珦、朱松,配祀启圣,以其立身行己,咸有称述。而摈濂溪之父辅成,以为无行实,不宜与。百诗亦衍其说。不知敏政意以祀启圣,必有称述者而后可乎?则孔子之先木金父、祈父,孟子之父孟孙氏,不闻有行状可据。如但以其子而上及其父,则周辅成何不可祀之有?不然,于木金、祈父、孟孙氏则祀之,于周辅成则摈之,进退皆无所据矣。百诗又引石华峙之言,谓蔡元定非以子重,宜改入两庑。然则颜路、曾皙、伯鱼,亦非徒以子重,诸贤既祀启圣,元定何不可祀启圣?例不画一,徒为瞀乱,使毛大可诋孔庭配享为多事者,皆此等议论激之也。王文成勋名事业,彪炳史册,得今古名臣,窃谓理学之最有行实者无以远逾,而百诗执"无善无恶"四字罢之。夫诸葛忠武、范文正,未闻讲性理,作语录,百诗议进之。文成不在二公下,而百诗黜之,其义究何取乎？尝论以为从祀孔庭者,如但以传注之功,则马、何、服、贾诸人皆所当祀；如于传注之中论其醇驳,于传注之外校其品行,则七十子、子思、孟子而外,无能预斯席者。盖言异经典不少,伪证之语虽免瑕尤之积,必节节而求之,事事而绳之,其说必不可通。此议从祀者如聚讼,而卒无至当不易之说也。百诗学问为国朝诸儒之冠,而其论若是之蔽。兹所说亦未敢自信,附记于此,以谂达者。

原载1942年6月15日《志学月刊》第6期《龚向农先生逝世纪念专号》

补《礼经》宫室例

凡宫必南乡,庙在寝东。

凡寝、庙皆有堂,堂之屋,南北五架,中脊之架曰栋,一曰阿,次栋之架曰楣。

凡堂之后楣以北南,中曰室,左右曰房,亦曰东房、西房。

凡室西南隅谓之奥,西北隅谓之屋漏,东南隅谓之窔,东北隅谓之宧。

凡室南其户,户东而牖西,牖一名乡。

凡户牖之间曰户西,亦曰客位。

凡户东曰房户之间。

凡言户者,皆室户,言若房户,则兼言房以别之。

凡房户之西曰房外。

凡房中半以北曰北堂,亦通曰房中,有北阶。

凡堂之上,东西有楹。

凡堂东西之中曰两楹间,南北之中曰中堂。

凡堂之东西墙谓之序,序之外为夹室,夹室之前曰东西厢,亦曰无。

凡东堂下、西堂下曰堂东、堂西。

凡堂角有坫,堂之侧边曰堂廉。

凡升堂两阶,其东阶曰阼阶。

凡堂下至门谓之庭,三分庭一,在北设碑。东堂、西堂,堂各有阶。

凡堂涂谓之陈。

凡中间屋为门,门之中有阒,其东曰阒东,其西曰阒西,门限谓之阈,阖谓之扉。

凡夹门之堂谓之塾。

凡寝、庙皆有门,其外有大门,一曰外门。

凡门之内,两塾之间,谓之宁。

凡门之内外,东方曰门东,西方曰门西。

凡寝之后有下室。

凡自门以北,皆周以墙,室中、房中、夹中皆曰墉,堂上谓之序,堂下谓之壁。

凡人君堂屋为四注,士大夫则南北两下而已。

凡堂下之壁有闱门。

凡屋翼谓之荣,檐谓之宇。

凡州序之制,有堂无房室。

凡乡内以入为左右,乡外以出为左右。

原载1942年6月15日《志学月刊》第6期《龚向农先生逝世纪念专号》

妇为舅姑服三年辨

或曰:"妇为舅姑服三年,礼欤?"曰:"礼也。"曰:"《丧服经》妇为舅姑齐衰不杖期,后唐刘岳《书仪》始改为齐衰三年。宋乾德间,魏仁浦等议用之,以迄于今,相沿莫革,说礼服家盖无不斥之也。今曰礼,然则周公非欤?"曰:"此固后王之制,然实亦不悖乎周公之意者也。《大戴礼》曰:'与更三年之丧者不去。'晋荀讷曰:'子妇为姑,既期①除服,时人以夫家有丧,犹白衣。'是则妇为姑舅虽服期,而有三年之实,周以来未之有改也。原先王之意,岂不欲为之制再期哉?以为子妇同服,则是卑其子,而夫亦无以异于妻,故特正以期年之名,而使之循乎再期之实。亦犹父在为母齐衰期,而父必二年乃娶,以达子之志,其权衡有审焉者矣。若使几筵未改,箭笄遽彻,夫方衰绖,妻已绮纨,齐体之亲,吉凶迥绝,制体之圣人,不若是之不近人

---

① 四库本"期"作"周"。

情也。且古今世异,因有可得与民变革者。后世妇之于舅姑,且恩义不如古之笃也,其事之不能如古之尽礼也,故深明大义者,十一二见。而途人其舅姑者比比,赖有三年之重服,凛然峻为之防,使之顾名而思义,矫薄以厉惇。若并此而降之,是帅天下而坏妇道也。《记》曰:'丧礼与其①哀不足而礼有余也,不若礼不足而哀有余也。'蒙请易之曰:'丧服与其情不足而服不足也,不若情不足而服犹有余也。'妇事舅姑,如事父母,鸡鸣盥漱之礼,苛痒抑搔之节,问何饮食之仪,今之妇人,未之能行,为之夫者,亦既习焉安之。独至三年之服,则为之援比经传,附会而文饰之,以巧徇其妇不宜于舅姑之隐,夫亦惑之甚矣。而曰'吾以复古',则是生周以后之人,外内乱,鸟兽行,自以为黄唐虞夏也而可乎?孔子曰:'麻冕,礼也。今也纯,俭。吾从众。'敢援是语,以为议期服者断焉。"

乙未之岁,有外王母孙谢淑人之丧,余往唁诸舅苦次。谈及丧服,伯仲二舅,同声谓妇于舅姑,恩义实浅,而斥今服斩衰三年,如戾今反古。余与季让②舅腹非之,然未有以难也。今岁季舅馆余家,偶忆此事,因为是文质之。若夫斩衰之改,在于明代,余亦稍以为过,如宋制齐衰三年,则古今两不悖矣。然令

---

① "其",原作"不",今据《礼记注疏》改。
② "让",原作"攘",今据龚道耕《与人论学书二首》改,载《志学月刊》第12期,1942年12月15日。

甲所悬,未敢私议,谨阙之。

原载 1942 年 6 月 15 日《志学月刊》第 6 期《龚向农先生逝世纪念专号》

妇为夫之姊之长殇服义质

《丧服·缌麻》篇曰:"为夫之姑姊妹之长殇。"谨案:古者男子三十有室,安得长殇之姊,而使妇服之?郑注、贾疏各无说,马融、孔伦、陈铨、射慈及国朝诸家之言,咸有不概于心者,乃臆为之说曰:古人立文之例,有因此以及彼者。《春秋左氏·昭十三年传》"郑伯男也",王肃注曰:"郑伯爵,而连'男'言之,足句词也。"是也。《礼记·杂记》篇曰:"为妻,父母在,不杖,不稽颡。"孔颖达疏曰:"案《丧服》云,大夫为适,妇为丧主,父为己妇之主,故父在不敢为妇杖。若父殁母在,不为适妇之主,所以母在不杖者,以父母尊同,因父而连言母。"盖父母并称,人之恒言,故可因父而并及母矣。《丧服小记》篇曰:"生不及祖父母诸父昆弟,而父税丧,己则否。"俞氏樾曰:"已生之年所不及者,何得有弟?王氏以为诸父之昆弟,则'诸父'二字足以包之,何必曰'诸父昆弟'?刘蔡以为衍文,庾氏又曲为之说,义皆未安。今按昆弟者,连类而及之也。《文王世子》篇'养老幼于东序',因老而言幼。《玉藻》篇'大夫不得造车马',因车而言马。此之昆弟,例亦若是。"盖昆弟并称,亦人之恒言,故可因昆而并及弟矣。"姑姊妹"亦《礼记》之恒言,今长殇服虽不得有姊,亦连类而并及之。经传中尠有单言"姑妹"者,必言"姑姊妹",王肃谓足句词也。道耕初治礼服,辙肆管窥①,未知其于经义有合否也,著诸简以质焉。

原载 1942 年 9 月 15 日《志学月刊》第 9 期

---

① "窥",原作"阙",今据文意改。

论《丧服经传》二篇

写本《丧服经传注疏》题辞

礼服之学,盖自七十子以来,《小戴记·曾子问》《檀弓》二篇,详哉言之。西京夏侯胜、萧望之,皆善说礼服,而马季长氏始为之注。自后,王肃、孔伦、陈铨、裴松之、雷次宗、蔡超、田僬之、刘道拔、周续之之伦,皆专注《丧服》。郑君虽全注十七篇,而《丧服》一篇,尤所尽心。推明经例,补苴传文。旧读乖舛,尤多发正。宏意眇旨,卓然千载之上。故六朝以来,别行于世。而《隋书·经籍志》于《戴礼注》十七卷外,又出郑玄注《丧服经传》一卷,岂非离之双美,不嫌割裂者哉?其为义疏者,据阮氏《七录》,始于齐散骑郎司马瓛,其后有贺玚、何佟之、皇侃、谢峤之书,见于隋、唐二《志》。《开元四部书目》,《丧服》义疏多至三十二部。考《郑注》自晋至唐,立于学官,义疏家皆以见立学官之书为本,则何、贺诸疏,必主《郑注》可知。

贾公彦集诸家之成,故其疏较他篇为精博。其篇首七章之释,有明《郑注》一条,叙郑君名字爵里,与《士冠》篇重复,尤袭用单本义疏之证。虽失于点勘,未免不去葛龚,毋亦令其可以别行,为后儒之专治此经者计欤?

道耕年十五,师受《丧服经》,略辨句读,思通大义。而椎钝善忘,苦不能记,因自写注疏,以资循讽。分其七卷以为十一章,而记目为一卷,传文别行低写,以别于经;注文单行细书,以别于疏;注疏书中讹文衍字,悉据各校刻本之是者改正,并考古来经传注疏别行之证,题词简首,以明是编虽取便诵习,固非自我作古焉。

《丧服经传五家注》跋

马氏《玉函山房丛书》所载《五家注》,颇多颠舛。如"袪长二寸""童子当室缌"二条,马注皆失收。"旧君"下引王肃注"所适尊卑同反服旧君",乃《通典》引肃《礼记》"违诸侯之大夫不反服,违大夫之诸侯不反服"之注。"庶子为父后者"下引王肃注"士庶子",亦《通典》引肃《礼记》"庶子在父之室则为其母不禫"之注。"为众子"下引雷注,"夫之祖父母、世父母、叔父母"下引王注,皆误连疏文数十字。"大夫、大夫之妻、大夫之子、公之昆弟为姑姊妹女子嫁于大夫者"下引马注,"娣姒妇"下引王注,又误连杜佑之说。雷次宗答袁悠问,必非注文而误收。而"为人后者"之注,《贾疏》所引,与《通典》大同小异,乃不为互注。其甚者,《通典》所载经文如《缌麻》章以殇服列前之类,并取便览,非依原次,乃以其引马注,而谓马、郑两本有异。其他文字殊别,或与据书不售之处,尤不可殚究。盖马氏网罗浩博,未暇点勘,又其书刻于身后,不无传讹。所辑他书,亦颇有之,不独此为然也。今之纂录,稍为厘正,较之旧本,粗觉改观。然载籍极博,五家遗注,知必有出是编外者,姑俟异日,续加补订云。戊戌二月庚辰,君迪写毕后记。

原载1945年7月15日《志学》第22期

《丧服经传五家注》叙

《礼经·丧服》一篇,汉以来儒者,多别为训释。曰注者六,马融、王肃、袁准、陈铨、刘道拔、周续之。曰略注者一,雷次宗。曰集注者三,孔伦、裴松之、蔡超宗。曰集解者一,田僧绍。今众家之书尽亡,惟马、王、孔、陈、雷五家,《通典》《贾疏》引见,什九粗备。道耕既治郑义,旁览群说,略本马氏国翰所辑,按偶经文,写为二卷。叙曰:郑君于"三礼"皆有注,而《仪礼》最精。于十七篇皆有注,而《丧服》尤善。自本注外,别为《丧服变除》《丧服谱》《丧服纪》诸书,而《志》记逸文,涉《丧服》者又什四五。盖其说之不厌求详如此。宜乎经纬完具,与周经卜传并峙千古与?前乎郑者,夏侯胜、萧望之之说既不可见;石渠《礼》论,戴圣、闻人通汉之议,亦太半弗传。惟马融之书,亡失之余,采掇尚富,犹有义例指说。郑君受业马门,亲承音旨,今校所注,不尽从同。《大功章》二条,发正旧读,皆指融说,解经尊严,何所引辟。抑马义有不如郑义者,《斩衰章》"君",郑谓天子、诸侯、卿大夫有采地者皆曰君,最为通会经旨。而马乃专以诸侯一国所尊为注,于义殊狭,是其一端。然考"诸侯为天子"等十余条,皆马氏有说,而郑君无注。此殆如《五经异义》,凡无驳者,意同许慎。为郑学者,固当援①马义以补之矣。后乎郑者,王肃最为有名。范宁、戴逵、庾蔚之之徒,其所辨难,每在于此,盖以其异郑独多之故。然如"子嫁反在父之室,为父三年",郑君以父卒被出为说。"大夫之妾为君之庶子",郑君不从旧读,合下"女子子嫁者未嫁者"为句,为后世说礼服者所诟病。今检肃注,并与郑义不殊,好难郑如肃,犹未敢肆然讥短,其他不量与撼,抑又可知。益以见郑义之精善矣。孔伦遗注寥寥,夫姊长殇,首辟马义,殊有卓见。陈铨之说,异郑者多,女子为祖,显然攻诘,意者其人盖王学之徒与?雷次宗之注,词义博辨,文笔隽美,其于经传义例颇有发明。亦或穿凿,间有引申郑注者,似属义疏之体。慧皎《高僧传》云:"慧远讲《丧服经》,雷次宗、宗炳等,并执卷承旨,次宗后别著《义疏》。"首称雷氏,是次宗本为义疏之证,《隋·经籍志》②题曰"略注",殆非其实。尝疑贾公彦《仪礼疏》词多佶屈,及疏《丧服》,幡然晓畅,今见雷注,乃知公彦疏原于此,姑举《斩衰章》二事明之。"妻为夫,妾为君",雷注云:"言妻以明其齐,言妾以明其接。"而疏亦

---

① "援",原作"爱",今据文意改。
② "隋经籍志",原作"隋志经籍",当有错简,今乙正。

《丧服经传五家注》叙 ·141·

以"妻齐妾接"解之。"子嫁反在父之室",疏云:"不言女子子,直言子嫁者,上文已云女子子,别于男子,故不须具言。"而雷注云:"不言女子子,上女子也。"正与疏义吻合。惜贾氏引其说而没其名,末由尽验耳。原夫郑君之注,条理密察,前无古人,后无来轸。然不知众家之劣,无以证郑君之优。不尽见其辞,亦无以别其然不。矧夏后之璜,不能无珧,据五家之注,以为补正,犹愈于用宋元以来缪悠之说。昔张编修惠言治虞氏《易》,旁次孟、京诸说,撰《易义别录》一十四卷。今之纂辑,窃比于斯。此外,马氏所辑,尚有袁准、裴松之两家。然于袁则多引《正论》,于裴则载《答江氏问》《答何承天书》,并以他著述之文,强当本注,殊不可采(陆氏《经典释文》引袁准"满手曰溢"一条)。磝是本注,但单辞碎义,未可遂为一家。又《通典》引袁准《丧服传》一条,一谓传所云三殇岁数为谬,一谓乳母服非圣人之制,当亦本注文。然攻经驳传,毫无顾藉,已为毛奇龄树之先声,正学者所宜摈之也。洎余射慈、杜预、刘智、蔡谟、贺循、崔凯诸书,虽有遗文,非复注体,别为撰录,不以与五家杂厕焉。

光绪二十四年,岁在徒维掩茂日躔降娄之次、乙卯朔丁卯,成都龚道耕撰于西园偏北之翚六。

原载1942年6月15日《志学月刊》第6期《龚向农先生逝世纪念专号》

《礼记郑氏义疏》发凡

自孔子撰定六经,七十子传其学,各述所闻,作为传记。记之为体,不必皆附于经,而必与义相辅。至汉世儒者,乃裒集成书,已不能尽得作者主名。亦由古人立言,垂世立教,非若后世著书,必署名自表异。学者惟以编者之家法,别之为某氏某氏而已。如《诗》有《齐杂记》,《春秋》有公羊氏《记》是也。《礼》家之《记》,则戴德有八十五篇,戴圣、庆普各有四十九篇。惟小戴之书,自魏晋以来,列于学官,尊与经等。其与大戴、庆氏之《记》分合异同,末由尽考。要其为自七十子至高堂、后苍,师师相传之本,与孔壁及河间献王所得古文《礼记》,不相涉也。自晋陈邵谓古《礼》二百四篇,戴德删为八十五篇,戴圣又删为四十九篇。后儒虽据郑君《六艺论》,知二戴各自传述,非互相删并,陈邵说不足信。然皆谓二戴之《记》取于河间古《礼》,并为一谈,迷而不悟。此读《礼记》所当先辨也。

《释文·叙录》引刘向《别录》云:"古文《记》二百四

篇。"此古文《记》都数也。《正义》云:"刘向《别录》,《礼记》四十九篇,《乐记》第十九。"此《小戴记》都数及目录也。《叙录》又云:"《别录》有四十九篇,其篇次与今《礼记》同,名为他家书拾撰所取,不可谓之《小戴礼》。"此盖庆氏《记》也(《后汉书·曹褒传》:"父充持庆氏《记》,褒传《礼记》四十九篇。"是庆氏《记》篇数与《小戴》同。此所谓"篇次",即篇数也。庆氏《礼》不列学官,故谓之"他家书拾撰所取"耳)。是古文与诸家之《记》,《别录》具载其目。而《汉志》"礼"家惟云《记》百三十一篇,《明堂阴阳》三十三篇,《王史氏》二十一篇,不分别载古文、戴、庆之《记》者。刘向校书,率取中书及民间书,参互校雠,缮写定本,今其佚文,犹可考见(如《战国》《管子》《晏子》《荀卿》诸序)。古文《记》与今文《记》,其异同无可考。以意揣之,盖其同者甚多。而文字之繁简,篇目之分合,容有小异。故向分类写定,为百三十一篇。言明堂事者篇多,别为《明堂阴阳》三十三篇。王史氏六国时人(颜师古《注》引《别录》),既有《记》者主名,故别出之。而《乐记》二十三篇,又出之乐家,故郑君《目录》每篇下云"此于《别录》属某类",是据刘向所定为言。其《奔丧》《投壶》,在古经五十六卷之中。《丧服四制》,刘向定本所无。目录词例,皆与他篇异(说详《目录》义疏中),此其证也。至刘歆总群书而奏《七略》,遂仅载向所校诸《记》篇数,而古文、戴、庆诸《记》,《别录》有其目者,并不著录(《别录》著录刘向定本,而仍存古文、今文之篇目,犹乾隆间《四库全书》之有存目也。《七略》但著刘向定本篇目,犹《四库简明目录》不载存目之书也)。

《汉·艺文志》因之,自《别录》既亡,后人不得其说。《汉志》不录戴《记》,遂为学者大疑。钱大昕氏谓"百三十一篇",即二戴总数(四十九篇,合分上下篇之《曲礼》《檀弓》《杂记》,止四十六,加《大戴》八五篇,适百三十一篇①),则不知两戴《记》多互见之篇。黄以周氏谓"百三十一篇皆为古文",则不知古文《记》二百四篇,《别录》自有原数,益为误矣。

乡②先生井研廖君,说经以分别今文、古文为大纲。自此,经学风气为之一变。近世儒者,其学虽或与廖君大异,亦无以异其说也。然所谓今文学、古文学,乃哀平以后之名(廖君初说,谓今学为孔子晚年之说,古学为孔子壮年之说,甚至以《仪礼经》为古文,《记》为今文,皆大谬不然者,后亦不持此说矣),西京五经家(此亦后汉古文学称西汉今文博士之名),固尚无此区别。其于后来古文家根据之书,凡有所见,未尝不兼综博采,以广异义,初非摈斥不道(廖君初说谓汉代今文、古文,相避如洪水猛兽,尤不然。无论西汉博士,绝无古文之见,即后汉古文学家,

---

① "适百三十一篇",原为正文文字,据文意当为注释文,今改。
② "乡",原作"卿",今据文意改。

三郑、贾、马,皆先治今文学,具见本传。而二郑之注《周礼》,马融之注《尚书》,亦取博士说,惟何休绝不引《周礼》耳)。此二戴《记》中所以兼今文、古文说也。廖君作《戴记今文古文篇目表》,以为戴《记》古多于今。近人泥之,遂疑戴氏为今文家,何以多录古学?又以其采及逸礼(即《奔丧》《投壶》二篇),及曾、思、荀、贾诸子书,疑今之《礼记》并非二戴所辑。夫古文晚出,戴氏所传之《记》,适与古经相同,初非取经附记。曾、思、荀、贾,儒家大宗,吐词为经,宁谓非当。且诸子之书,亦多述古,必谓出于自作,则又识昧通方,斯为妄矣。

井研治经,学凡六变,晚年宏意眇指,翔天入渊,恂愁小儒,言思所绝。窃谓廖君分别今古,举世所推,其发明经制,厥功尤巨。夫为邦之问,兼行四代,著在《论语》;祖述尧舜,宪章文武,明载《中庸》;改周之文,从殷之质,亦《春秋》家师说。孙卿所谓圣者尽伦,王者尽制,征之六经,无不符合(旧拟作《经制考》,因《白虎通义》条目而扩充之,未成书也)。虽近世守古文学者,未敢断言孔子无创制之事也。而《礼记》所载,其于经制,时有异同。盖六经所举,只其大纲,条目施行,或不详备。故传其学者,或损益经制,而推为新礼(如益《士冠礼》以为《公冠》,损《射礼》以为《投壶》);或服行经义,而别定仪文(如袭裘不吊,子游必俟主人小敛之后,曾子则惟知裼裘之非吊服);或经有所略,而益之为详(如《丧大记》多补《士丧礼》所未备);或经著其常,而推及其变(如《曾子问》一篇,皆言变礼);或解经而各持异议;或援经以衡论当时。说非一人之说,书非一家之书,矛盾互陈,职由于此。至若四代礼典,故书雅记,偶有流传(全书若《周官》《周书》,《记》文多所撷取,散文若《记》,所称周弁、殷冔①、夏收,夏尚黑,殷尚白,周尚赤),以及霸者定制(如《左传》所云文襄之制),国别所行(如《记》所载齐鲁、鲁卫之异),儒生政论之斟酌古今(如《荀子》序官之类),大夫风操之自为节度(如《记》②所载晏平仲、孟献子言行),苟大旨于经无畔,亦复存而不革。概以今文、古文为别,殊不③足以括之。今之所疏,以郑为主。涉及此类,间附管窥④,或斥其乖高密家法,所不辞也。

刘子骏斥太常博士"信口说而背传记,是末师而非往古",故古文学家以古文书传为信,推制作于周公,变六经为史学,所谓"实事求是"是也。郑君初习今文,后明古学,扶风问业,学乃大成,遂以《礼》学自名其家。孔颖达云:"《礼》是郑学。"(《月令》《明堂位》《杂记》疏语)盖魏晋以来儒者之公言,非冲远之私说也。郑君兼注"三礼",仍以《周官》为本,其于《周官》礼制与今文异者,必为说以通

---

① "冔",原作"晖",今据文意改。
② "记",原作"汜",今据文意改。
③ 原"不"前仍有一"不"字,当为衍字,今删。
④ "窥",原作"阙",今据文意改。

之,或且改古从今,不如贾、马之徒,于今说概加屏斥,此其异于古文家法者。范晔所称"括囊大典,网罗众家,删裁繁诬,刊改漏失",意正指此。王肃以后,诘难蜂出,而迄于唐宋,《礼》家终以郑氏为宗。自庄绥甲、李兆洛訾其变易古文家法,井研廖氏从而衍之,不知以郑义推诸经传,夫固浑浑圜圜,盛水不漏。今之所疏,以郑为主,故名曰《礼记郑氏义疏》,亦藉以别于唐宗勅定之名,清代官撰之目云尔。

六朝唐人作疏,例不破注,盖注以解经,疏以释注。既明宗主,无取异端。西京博士,习诵章句,不更师法,笃实之风,正复如此。虽皇侃《礼记》,时复乖郑,刘炫《左传》,亦有规杜,非通例也。清代儒者,改作经疏,惟陈奂《毛诗》,专申《传》义,《郑笺》亦从删汰,他皆意主通经,不复墨守本注。胡培翚《仪礼正义》,有申注、订注、附注三例,申者阐述注义之长,订者驳正注义之失,附者兼存他说之义,而黄以周、曹元弼又议其所申、所订之非,盖述古若斯之难也。今于典制大端,并遵郑氏,间援异说,皆是外篇。至于名物训诂,句读正义,或有违失,颇附匡纠。庶成狐死丘首,木落归根,免于孔颖达之议,亦不敢如昔人讥杜征南、颜秘监为左、班之谀臣也。

五经传记及诸子书,凡述事实,等于寓言,藉以证礼制、明义理而已。非若作史者,人皆有据,事必征实也。周秦古籍,无虑皆然,汉儒著书,尚存此意。如刘向《新序》《说苑》《列女传》诸书,年月牴牾,姓名错互。刘子玄《史通》,屡加诋呵,不知子政所序,列于儒家,本非纪事之史。又秦汉以前,尚无专史,学者传述古事,各记所闻,自多歧[①]出,去古久远,考信末由。况古人叙事成文,非同簿领帐籍,详则累言而不繁,略则一字而非简,或抑扬任意而甚其词,或毁誉极情而过其实,此虽良史纪事,容亦有之(《史记》《汉书》尚多此类),必铢寸以求合,反为古人所笑。《记》中述事,盖多此类。《檀弓》一篇,尤为后儒疑怪。泥考证者,则疑其事之不实;说义理者,又病其词之不醇。此皆未知古人著述之体、文章之法者也。今之所疏,但据本书,他书异同,附引以资参证,是非正伪,存而不论。若邵泰衢《檀弓疑问》、夏炘《檀弓辨诬》,以及宋元以来疑驳《记》文之说,皆所不取。

《记》中通论诸篇,发明礼意,及圣门论治论学,微言大义,最为精深。汉唐注疏,既失之简,宋元解说,又多朱子所谓舍经作文,繁而寡要,几同制举经义。今本诸《尔雅》《说文》,以正其训诂,挛取先儒理学,以发其精微,破汉宋门户之成见,合义理考据为一家。庶于经义,或有所当。至《大学》《中庸》二篇,朱子承程子之意,为之章句,与《论语》《孟子》,合为《四书》,元明以来,列在学官,故陈澔以下,解《礼记》者,多缺而无说(陈澔《集说》、吴澄《纂

---

① "歧",原作"岐",今据文意改。

言》及清孙希旦《集解》、朱彬《训纂》皆然）。窃谓朱子《章句》，穷理尽性，固如日月经天，非敢如毛奇龄、汪中之徒，妄肆击难。而郑君旧注，甄综经纬，义自渊懿，《孔疏》以外，绝少发明，今仍加疏释，以存古义（曹编修《大学》，并存郑、朱，强合为一，非所取也）。

《礼记》旧本，莫古于《开成石经》，然《月令》用明皇定本，冠诸首篇，已非郑本之旧。后世刊本，淳熙抚州公使库本，号为最善，今以此本为主，其显然讹脱，悉据他本补正，疏中不复觊缕（《记注》昔为读本，世所通行，不嫌略之）。若"徧讳"之与"徧讳"，"四郊"之与"西郊"，一字出入，有关义训。以及郑注之或为，释文之异本，或他书援引异文，可资参校者，必于疏中明著其说，别其是非。其他字体讹别，语助增减，无关宏旨者，则顾千里《考异》、阮元《校勘记》已详著之。既有专书，兹可从略。

《礼记》章句，始于桥仁（《后汉书·桥玄传》），其书不传。郑君同时，惟有卢植《注》，其书唐后亦亡，近人叶德辉辑本，采掇最备。尝据叶本，为之疏证，今悉迻录入疏，以存旧义。辑本所署据书，则不具详，以省繁辞（引佚书须著出处，此为撰述通例。惟唐以前古书，乾嘉[①]以还，率有辑本，其书亦世所通行，今疏中所引，如郑氏《易》《书》《孝经》《论语》注、《六艺论》《驳五经异义》《郑志》等，及贾

---

① "嘉"，原无，今据文意补。

逵、马融、服虔、王肃之经《注》,《三仓》《字林》《声类》《韵集》之音训,俱以各有辑本,不复具所出书。惟辑本所遗,或有讹挩,今别据他书订正者,仍著所引书名)。卢、郑同师,不嫌附载,亦犹《周官》之注,并存杜氏、二郑也。孔颖达《正义》,于五经疏中为最优,昔贤已有定论。惟唐人作疏,多取南北朝旧疏,没其名氏,此疏原本皇侃、熊安生,而疏中亦多不著其名。细绎疏文,孰皇孰熊,颇可指别(详旧作《礼记旧疏考正》)。今所称引,于其不明著皇、熊者,仍称孔氏,不敢以一己私见遽改旧文。至宋元明旧说,取于卫湜《集说》、杭世骏《续集说》两书。清儒则学海堂、南菁书院两《经解》外,专书尚多,但或备举书篇,或唯著名姓,随文征述,例无一定(大率本经专著,如王夫之《章句》、方苞《析疑》之类,则但著姓名。其他经注解,及兼综"三礼"、通说群经之书,则间著书名)。其闻名未见之书,若吴廷华《礼记疑义》,以及曩贤秘书,近儒新著,为闻见所未逮者,海内通人,藏庋名家,不吝惠示,俾资补苴,尤所企想也。

原载 1942 年 1 月 15 日、1942 年 3 月 15 日《志学月刊》第 1 期、第 3 期

《礼记郑氏义疏》叙例

自孔子撰定六经，七十子传其学，各述所闻，作为传记。传则多附于经，记则不尽附于经，而必以与经义相辅。至汉世儒者，裒集成编，著于竹帛，已不能悉得作者主名。亦由古人立言，蕲以垂世施教，非若后世著书，必署名以自表异。学者惟就编纂之人，别之为某氏某氏而已。如《诗》有《齐杂记》，《春秋》有公羊氏《记》是也。《礼》家之《记》，则戴德有八十五篇，戴圣、庆普各有四十九篇。惟小戴之书，魏晋以来，列于学官，尊与经等。其与大戴、庆氏分合异同，末由尽考。要其为七十子以至高堂、后苍①，师师相传之本，与孔壁及河间献王所得古文《礼记》，不相涉也。自晋陈邵谓古《礼》二百四篇，戴德删为八十五篇，戴圣又删为四十九篇。后儒虽据郑君《六艺论》，知二戴各自传述，非互相删并。然皆谓二戴之《记》

————
① "苍"，原作"仓"。

取于河间古《礼》,并为一谈,迷而不悟。此读《礼经》者所当先辨也(张揖《上广雅表》云叔孙通撰,陈寿祺、皮锡瑞颇据其说,然单文孤证,窃所未信)。《经典释文·叙录》引刘向《别录》云:"古文《礼记》二百四篇。"此古文《记》都数也。《正义》云:"刘向《别录》,《礼记》四十九篇,《乐记》第十九。"此《小戴记》都数及目录也。《释文·叙录》又云:"《别录》有四十九篇,其篇次与今《礼记》同,名为他家书拾撰所取,不可谓之《小戴礼》。"此盖庆氏《记》也(《后汉书·曹褒传》:"父充持庆氏《礼》,褒传《礼记》四十九篇。"是庆氏《记》篇数与《小戴》同。此云"篇次",即篇数也。庆氏不列学官,故谓之"他家书拾撰所取"耳)。是古文与诸家之《记》,《别录》具载其目。而汉世"礼"家惟云《记》百三十一篇,《明堂阴阳》三十三篇,《王史氏》二十一篇,不分别载古文、二戴、庆氏之《记》者。刘向校书,率取中书及民间书,参互校雠,缮写定本,诸书叙录,犹可考见(如《战国策》《管子》《晏子春秋》《荀子》卷首所载刘向序)。古文《记》与今文《记》,其异同无可考。以意揣之,盖其同者必甚多。而文字之繁简,篇目之分合,容有小异。故向综合诸本,分类写定,为百三十一篇。言明堂事者篇多,别为《明堂阴阳》三十三篇。王史氏,六国时人(《汉书》颜师古《注》有引《别录》),《记》者既有主名,其书或亦与古今文《记》不合,故别出之。而《乐记》二十三篇,又列入乐家,故郑君《目录》每篇皆云"此于《别录》属某

《礼记郑氏义疏》叙例 ·153·

类",皆据刘向所定为言。其《奔丧》《投壶》,《别录》在古经五十六卷之中。《丧服四制》,刘向定本所无。目录词例,皆与他篇异(说详《目录》义疏中),此其证也。至刘歆总群书而奏《七略》,遂仅载向所校定诸《记》篇数,而古文、戴、庆诸《记》,《别录》有其目者,并不著录(《别录》著录刘向定本,而仍存今文、古文之篇目,犹乾隆间《四库全书》之有存目也。《七略》但著录刘向定本篇目,犹《四库简明目录》不载存目之书也),《汉·艺文志》因之。自《别录》既亡,后人不得其说。《汉志》不录戴《记》,遂为学者大疑。钱大昕谓"百三十一篇",即大小《戴记》之总数(《小戴》四十九篇,除《曲礼》《檀弓》《杂记》分上下篇者不计,只四十六,加《大戴》八十五篇,适百三十一篇),则不知两戴《记》多互见之篇。黄以周谓"百三十一篇皆为古文",则不知古文《记》二百四篇,《别录》自有本数,益为误矣。

乡先生井研廖平,说经以分别今文、古文为大纲。自此,经学风气为之一变。近世儒者,其学虽或与廖君大异,亦无以易其说也。然所谓今文学、古文学,乃哀平以后之名(廖君初说,谓今学为孔子晚年之说,古学为孔子壮年之说,孔门弟子即分两派,甚至以《仪礼经》为古文,《仪礼记》为今文,皆大缪,后亦不持此说矣),西京五经家(此亦后汉古文学家称西汉博士学者之名),固尚无此区别。其于后来古文家根据之书,凡有所见,未尝不兼综博采,以扶微广异,初非摈斥不道(廖君谓汉代古文、今文学者,相邂如洪水猛兽,此非事实。无论西汉博士,绝无今文、古文之见,即汉古文家,三郑、贾、马,先治今文学,具见本传。而二郑之注《周礼》,马融之注《尚书》《丧服》,亦颇取博士说,惟何休绝不引《周礼》耳)。此二戴《记》中所以兼有今文、古文说也。廖君作《戴记今古分篇目表》,以为戴《记》古多于今。近人泥于其说,遂疑戴氏为今文家,何以多录古学?又以其采及逸礼(即《奔丧》《投壶》二篇),及曾、思、荀、贾诸子书,疑今之《礼记》并非二戴所辑。夫古文晚出,戴氏所传之《记》,适与古经相同,非戴氏取经附记。曾、思、荀、贾,儒家大宗,吐词为经,编列《记》中,宁谓非当。且诸子之书,亦多述古,必谓尽出自作,则又识昧通方,斯为谬矣。

井研治经,学凡六变,晚年闳意眇指,翔天入渊,恂愁小儒,思议所绝。窃谓廖君分别今古,举世所推,其发明经制,厥功尤巨(孔子经制,亦因唐、虞、三代之制,加以圣心,非如廖氏说纯出孔子臆造耳)。夫为邦之问,兼行四代,著在《论语》;祖述尧舜,宪章文武,《中庸》亦有明文;改用周之文,从殷之质,亦《春秋》家之师说(唐啖助、赵匡尚守此义)。孙卿所谓圣者尽伦,王者尽制,征之六经,皆有符验。虽近世守古文学者,未敢断言孔子无《仪礼》制度之事也。而《礼记》所载,其于经制,时有异同者。盖六经所载,惟举大纲,条目施行,或不详备。故传其学者,或损益经制，而推为新礼（如益《士冠礼》以为《公冠》，损《射礼》以为《投壶》，及后苍①推《士礼》而致于天子之说）；或服行经义，而别定仪文（如吊服不饰，曾子、子游所同，而子游袭裘必候主人小敛之后）；或经有所略，而益之为详（如《丧大记》多《士丧礼》经记所未备）；或经著其常，而推及其变（《曾子问》一篇，多言变礼）；或解经而各持异见（如小敛之奠，或云东方，或云西方）；或援经以衡论是非（如既祖推柩而反，曾子曰礼，子游曰非礼，各有所据）。说非一人之说，书非一家之书，矛盾互陈，职由于是。至若四代典礼，故书雅记，偶有流传（成书如《周官》《周书》《国语》，《记》文多所摭取，散文如《记》，所称周弁、殷冔、夏收，夏尚黑、殷尚白、周尚赤之类，陈澧考之详矣），以及霸者定制（如《左氏传》所云文襄朝聘之制），国别所行（如《记》所载晋、卫、齐、鲁之异），儒生政论之斟酌古今（如《荀子》所云论序官之法），大夫风操之自为节度（如《记》所载晏平仲、孟献子之行事），苟大旨于经无畔，亦复存而不革。知此则小戴之《记》本无今文、古文之别，《记》义之异，且非今文、古文所能赅，而郑君注经，兼取古今，亦不得谓之破坏师法矣。

刘子骏斥太常博士"信口说而背传记，是末师而非往古"，故古文学者以古文书传为信，归制作于周公，变六经

---

① "苍"，原作"仓"。

为史学,所谓"实事求是"是也。郑君初习今文,后通古学,扶风质问,学乃大成,遂以《礼》学自名其家。孔颖达云:"《礼》是郑学。"(《月令》《明堂位》《杂记》疏)盖魏晋以来学者之公言,非冲远之臆说也。郑君兼注"三礼",仍以《周官》为本,其于《周官》礼制与今文异者,必为说以通之,或且从今改古,不为贾、马之学,一概信古疑今,此其异于古文家法者。范晔所称"囊括大典,网罗众家,删裁繁诬,刊改漏失",意正指此。王肃以后,诘难蜂起,而迄于唐宋,《礼》家终以郑君为宗。自庄绶甲、李兆洛訾其变易古文家法,廖氏从而衍之,遂谓郑君《礼》说无一可通。不知以郑义推诸经传,夫固浑浑圜圜,盛水不漏。今此《义疏》,以郑为主,故定名曰《礼记郑氏义疏》,亦藉以别于唐宗勅定之名,清代官书之目云尔。

南北朝唐人作疏,例不破注,盖注以解经,疏以释注。既有宗主,无取异端。西京博士,习诵章句,不更师法,笃实之风,正复如此。虽皇侃《礼记》,时与郑乖,刘炫《左传》,并规杜过,非通例也。清代儒者,改作经疏,惟陈奂《毛诗》,专申《传》说,《郑笺》亦从删汰,他皆意主通经,不复墨守本注。胡培翚《仪礼正义》,定申注、订注、附注三例,申者阐述注义之长,订者驳正注义之失,附者兼存异注之说,而黄以周、曹元弼又议其所申、所订之非,盖述古若斯之难也。今疏于典礼大端,并遵郑义,间援异说,同于附注。至于名物训诂,句读文义,或有违失,颇附匡纠。

庶几木落归本，狐死首丘，不贻诮于孔氏，亦不如昔人讥杜元凯、颜师古为左、班之谀臣也。

五经传记及诸子书，凡述事实，等于寓言，藉以证礼制、明义理而已。非若作史者，人皆有据，事必征实也。周秦古籍，无虑皆然，汉儒著书，尚沿此例。若刘向《新序》《说苑》《列女传》诸书，年月牴牾，姓名错互。刘子玄氏屡肆诋呵，不知子政所叙，列在儒家，本非纪事之史。又先秦以往，尚无专史，学者传述古事，各记所闻，自多岐①出，志古久远，考信末由。况古人叙事成文，非同簿领帐籍，详则累言而不繁，略则一字而非简，毁誉极情而或过其实，抑扬任意而故甚其词，此虽良史纪事，容亦有之（《史记》《汉书》尚多此类），必铢寸以求合，反为古人所笑。《记》中述事，盖多类此。《檀弓》一篇，尤后儒所疑怪。拘考证者，则辨其事之不实；说义理者，又病其词之不醇。皆未知古人著述之体、文章之法者也。今之所疏，但据本书，他书略同，附引以资参证，是非正伪，存而不论。若邵泰衢《檀弓疑问》、夏炘《檀弓辨诬》，及宋元以后疑驳《记》文之说，概无取焉。

《记》中通论诸篇，发明礼意，及圣门论治论学，微言大义，最为精深。汉唐注疏，既失之简，宋元解说，又多朱子所谓舍经作文，繁而寡要，几同制举经义。今本诸《尔

---

① "岐"，据文意当作"歧"。

雅》《说文》，以正其训诂，掇取儒先讲说，以发其精微，破汉宋门户之成见，合义理考据为一家。庶于经义，或有所当。至《大学》《中庸》二篇，朱子承程子之意，为之章句，与《论语》《孟子》，合为《四书》，元明以后，列在学官，故陈澔以下，解《礼记》者，咸缺而无说（陈澔《集说》、吴澄《纂言》、孙希旦《集解》、朱彬《纂训》皆然）。窃谓朱子《章句》，穷理尽性，固如日月经天，非敢如毛奇龄、汪中之徒，妄肆击难。而郑君旧注，甄综经纬，义自渊懿，《孔疏》以外，绝少发明。今仍加疏释，以存古义，俾与《章句》并行不悖。

《礼记》旧本，莫古于《开成石经》，然《月令》用明皇所定，冠诸篇首，已非郑本之旧。后世刊本，则淳熙抚州公使库所刻，号为最善，今以抚本为主，其显然讹挩，悉据他本补正，疏中不复觊缕（《记注》昔为学者必读之书，各本世所通行，不嫌略之）。若"偏讳"之与"徧讳"，"四郊"之与"西郊"，一字出入，有关义训。以及郑注之或为，释文之异本，或古书援引异文，足资参校者，必于疏中明著其说，别其是非。至于字体讹别，语助增减，则顾千里《抚本考异》、阮元《校勘记》已详著之。既有专书，兹宜从略。《礼记》章句，始于桥仁（《后汉书·桥玄传》），其书不传。郑君同时，惟有卢植《注》，其书唐后亦亡，近叶德辉辑本，采掇最备。尝据叶本，为之疏证，今悉移录入疏，以存旧义。辑本所署据书，则不具详（引佚书当著出处，此为撰述通例。惟唐以前古书,乾嘉以还,率有辑本,其书亦世所通行,今疏中所引,如郑氏《易》《书》《论语》《孝经》注、《六艺论》《驳五经异义》《郑志》《郑记》等,及贾逵、马融、服虔、王肃之经《注》,《三仓》《字林》《声类》《韵集》之音训,俱以各有辑本,不复具所出书。惟辑本所遗,或有误挩,今别据他引订正者,或佚书向无辑本者,仍著所出书名,附记其例于此)。卢、郑同师,不嫌附载,亦犹《周官》之注,并存杜氏、二郑也。孔颖达《正义》,于五经疏中为最优,昔贤已有定论。惟唐人作疏,多取南北朝人旧疏,没其名氏,此疏原本皇侃、熊安生,而疏中亦多不著其名。细绎疏文,孰皇孰熊,颇可指别(详旧作《礼记疏考正》)。今所称引,于其不明著皇、熊者,仍称孔氏,不敢以一己私见诡更旧文。至宋元明人旧说,取于卫湜《集说》、杭世骏《集说》两书为多。清儒则学海堂、南菁书院两《经解》外,专书尚多,今或备举书名,或惟著名氏,随文征述,例无一定(大率本经专书,如王夫之《章句》、方苞《析疑》之类,多著姓名。其他经注解,及兼综"三礼"、通说群经之书,则间著书名)。其闻名未见之书,若吴廷华《三礼疑义》,以及往哲遗编,近儒新著,为闻见所未逮者,海内通人,藏庋名家,不吝惠示,俾资补苴,尤所企想也。

此先师龚向农先生遗稿也。先生易箦之日,道龢犹及侍坐,畀予此稿,亹亹谈论,自朝至于日中昃,不谓是夕,遂有曳杖之吟,抚膺展卷,哀怆曷已。先生谓《礼记》新疏,仍当主郑学,不必高谈西京,故以"郑氏义疏"题名。清人于群经皆有新疏,惟《穀梁》《戴记》阙如,盖《穀梁》淡泊,《戴记》则《孔疏》已极详实,故难治耳。此篇前已载《志学月刊》,盖先生初稿,此则经先生重定,略有异同,今亟为刊布,俾儒林知先生经术醇至,足以颉颃汉师,而绝学弗绍,为可太息也。癸未初夏,授业刘道龢敬识。

原载1943年《斯文半月刊》第3卷第12期,又载1947年《礼乐半月刊》第5期、第7期

《孝经郑氏注》非郑小同作辨

谓《孝经郑氏注序》为康成胤孙作,始于梁载言《十道志》。谓《注》为康成作,始于乐史《太平寰宇记》。实指为郑小同作,始于王应麟所引《国史志》,说经家多信之,然未足据也。案《十道志》云:"《后汉书》曰:'郑玄遭黄巾之难,客于徐州,今《孝经注》[①]郑氏所作。'其《序》曰:'仆避难于南城山,栖迟岩石之下,念昔先人余暇,述夫子之志,而注《孝经》。'盖康成胤孙所作也。今西上可二里所,有石室焉,周回五丈,俗云是康成注《孝经》处。"(《太平御览》四十二[②]引,原脱书名,以《大唐新语》证之,知是《十道志》文)寻梁氏此言,非谓《注》为郑胤孙作,但据《序》中"念昔先人"一语,疑《序》为郑胤孙之词耳。然如其说,先人指康成,仆者胤孙自谓,则避难徐州者,乃胤孙而非康成,何以又引《后汉书》为康成常客徐州之证,且实之以注

---

① "孝经注",文渊阁《四库全书》本《太平御览》作"孝经序"。
② "四十二",原作"四十三",今据文渊阁《四库全书》本《太平御览》改。

经石室？是以《序》为郑胤孙作，已矛盾不可通。刘肃《大唐新语》引梁氏说，而云刘子玄所证有征，则误读《十道志》，并疑《注》亦胤孙作。乐史《太平寰宇记》因之，于"费县南城山"下，直录《十道志》，而改末句作"俗云是康成胤孙注《孝经》处"，凭臆增窜，尤不足以传信矣。《国史志》沿袭谬说，求诸史传，见康成有孙小同，以通经著称，遂以小同实之，似是而非，颇足惑听。验其乖戾，盖有八焉。康成因黄巾之难，避地徐州，史有明文，故《序》有"避难南城"之语。小同生于建安元年，年逾二十，华歆表荐，当在魏明帝初年，至高贵乡公母为司马昭酖死，是小同自魏明以后即为朝官，前此二十余年，检寻史传，青徐并无乱事，无难可避。其验一也。《礼记·郊特①牲》正义引《圣证论》王肃难郑玄云："《孝经注》云：'社，后土也，句龙为后土。'郑既云'社，后土'，则句龙也，是郑自相违反。"然则王肃讥短康成，已引《孝经注》，若《注》为小同作，肃与同时，何致愦愦若此？其验二也。马昭号通郑学，驳难《圣证》余力不遗，使王肃误以小同之注为康成，即当疏通证明，抵其罅隙，乃马说具在，都无一言。其验三也。小同名祖之孙，仕魏贵显，又通经术，非阒尔无闻之人，使《孝经》果小同注，自荀勖以下，著录家何以茫然不辨？其验四也。《隋书·经籍志》梁有《礼义》四卷，魏侍中郑小同

---

① "特"，原作"犠"，今据《礼记》改。

撰,亡。《唐志》《礼记义》四卷,魏郑小同撰。小同自有著述,流传后世,著录之家不应于《礼记义》则知为小同之书,于《孝经注》则忘为何人之作。其验五也。《中经簿》称郑氏解,陆澄云《孝经注》题为郑玄,《释文》标称郑氏,是自晋及唐之本,无有题郑小同者。其验六也。徐彦、孔颖达、贾公彦皆经学专家,其为诸经之疏,引及《孝经注》,皆无一言疑为小同。其验七也。陆澄、陆德明、刘知几、司马贞皆博极群书之人,设《孝经注》为小同作,不应懵懵莫考,作无谓之疑辨。其验八也。

编者按[①]:先生校录《孝经郑氏注》,《叙录》注中节录此文,小有出入。末[②]解《序》文"念昔先人"一句,可补此篇之不足,兹附录于后:尝考康成为袁隗表为侍中,以父丧不行,在灵帝中平五年;其寓居徐州,在献帝初平二年(自注:并见郑珍所编《年谱》)。盖免父丧方逾年,故《序》有"念昔先人"之语,意谓甫除父丧,永怀孝道,因以余暇注《孝经》也。自误解此语,而臆说纷起矣。

原载1942年6月15日《志学月刊》第6期《龚向农先生逝世纪念专号》

---

① 此为《志学月刊》编者按语。
② "末",原作"未",今据文意改。

书《说文新附考》后

《说文新附》四百二文,为大徐所加,历来无异论。惟严氏可均独持新说,谓为唐已前已有,而大徐所加,附见各部首者是"诏、志、件、借、魋、綦、剔、箾、酨、赳、鼲、玙、癚、樹、緻、笑、迓、晥、峰"十九文,于卷末明明标出,而于《新附》辄多排击,非出于铉明甚。然考鼎臣《后序》云:"许慎注义序例中所载,而诸部不见者,审知漏落,悉从补录。复有经典相承,时俗要用,而《说文》不载者,承诏皆附益之,以广篆籀之路。"明明新增三十九字,与《新附》四百二文并言。下又云:"其间《说文》具有正体,而时俗讹变者,具于注中。"则大徐排击《新附》,亦已明言其故。盖《新附》系承诏所为,非鼎臣本意,故于注中(敚)见其意耳。严氏所据,不过谓"祢"字下云"一本作古文'祵'",若为鼎臣所加,何得又有别本?"溯"下云"此字诸家不收,今附之字韵末",此袭《唐韵》,则孙愐已见《新附》。不知鼎臣所云"一本",谓当时群臣家藏别本《说文》,有"祵"为正篆、"祢"为古文之一本。大徐以诸家并无"祢"字,"禰"字又与犬部"狝"重文"禰"相重复,故不敢信,乃收"祢"于《新附》,而附"禰"于注中,非谓《新附》别有一本。郑子尹说,斯为明确。至"渳"字明是大徐袭《唐韵》之文,严以《唐韵》有此字,为孙愐见《新附》之证,余则以《唐韵》所云诸家不收者,为《新附》不在唐前之证。大徐《新附》,多有依据,如"脱"字见《经典释文》引,"蒁"字据《左传正义》引,"涛"字、"剧"字据《文选注》引,只可谓大徐据书引《说文》录入《新附》,不得谓陆、孔诸人原引《新附》也。子尹此书,于古今正俗字,辨析皆极精核,惟未言及《新附》果否鼎臣所加。余恐后人有惑于严说者,是以辨而正之,以补子尹所未及焉。

原载 1944 年 11 月 15 日《志学月刊》第 14 期

《唐写〈玉篇〉残卷引〈说文〉考》序

《说文》传本世惟二徐，错则糅杂错舛而间存旧文，铉则校理整齐而多所刊易，失许旧者十盖三四。乾嘉巨儒，各有雠校、发疑、正读。既博且精，洵南阁之功臣，非二徐所可儗矣。近览遵义黎氏所刻唐写本《玉篇》，虽出东倭，实我故籍，所引《说文》多殊今本，与前儒考论往往符契，亦有沿讹未悟，或凭肊诡更，证以此编，益资订补，爰以暇日，衷而考之。与今本同，亦仍录出。籀古重文，《玉篇》写以今隶，传钞又杂行草，形体或异，难以依据，概不论焉。光绪乙未十二月，成都龚道耕。

  光绪癸巳，督学瞿止葊先生以《唐残本〈玉篇〉引〈说文〉考》发题，余时未见是书，无以应也。后从人假得之，乃先录其引《说文》者条考之。经廿年，旧稿丛残不复省忆，偶于敝簏捡出，略为条理整齐之，仍录旧序于首，书中谬漏尚多，取存少年笤毕所得，不尽改也。丁巳冬至，蛛隐记。

原载《唐写〈玉篇〉残卷引〈说文〉考》卷首

《字林补本》存疑

光绪丁酉,余辑《〈字林考逸〉补遗》,删去诸氏可宝补本误采者数十事,各条辩之,未及附刻。甲寅之岁,以书板归存古书局,或有言宜附条辩于后者,因缀旧稿付之书局(源澄案:此文并未付梓,《考逸补遗》书板现亦归严君谷孙,此乃龚师旧稿未及修订者也)。名曰《存疑》者,以未见广州刻任、曾校补本,不敢质言之也。乙卯冬至成都龚道耕记。

珥,剑鼻又谓之珥。(陈氏《礼书》。可宝案:南海曾舍人钊据补。)

案:此条见《礼书》卷二十二。原文云:"剑鼻谓之璏。"下注:"《字林》云:'亦谓之珥。'"下注:"《博雅》:'剑珥谓之镡。'"则"珥"字本《字林》,"璏"字本《博雅》,陈氏自注甚明,曾氏何以误引?

璬,玉名。(《广韵》。可宝案:兴化任征君兆麟据补。"琈"又引江郑堂曰:"'琈',疑'璬'字之误,或云与

'浮'通。")

案：此条《考逸》已附入"浮"字条下。

又案：广州面城楼本今未见。据诸氏云，刊去《考逸》主名，并原引书目直题《字林》七卷。幸所补者尚署据书，则其于《考逸》原本定多窜乱。此条或任氏自附注移为正文，诸氏误认为任氏所补耳。

堉，同"塯"字。（顾炎武《金石文字记》。可宝案：任征君据补。）

案：亭林不应见《字林》。检《金石文字记》卷二，乃据《诗·有女同车》释文转引。然《释文》本作《字书》，顾氏误也。

莐，芙苦。（《本草》。可宝案：曾舍人据补。）

案：此见李时珍《本草纲目》卷十四云："'菝葀'，扬雄赋作'菝葀'，吕忱《字林》作'莐苦'。"然《集韵》《类篇》并引《字林》"菝葀，瑞草也"，则《字林》正作"菝葀"，而《汉书》扬雄《甘泉赋》乃作"莐苦"，适与李说互异。李氏不应见《字林》，此即据《集韵》《类篇》所引言之，而传写又互讹耳。

蘮，蒘也，似芹。（明杨慎《丹铅总录》。可宝案：曾舍人引江郑堂曰："《尔雅》'蘮蒘，窃衣'，王逸《九思》'蘮挐兮青葱'，蘮挐一物也，不可云'蒘也'，当加'蘮'字。"）

案：江说是已。杨氏不应得见《字林》，此引《玉篇》冒称《字林》，而又加"也"字，遂不可通。

嘈，音曹。(《文选·啸赋》注。可宝案：任征君据补。)

案：《啸赋》注云："《字林》：礚，大声也。砩，方宠切。硠音郎，𥕐音劳，嘈音曹。"下四音俱非《字林》文，任氏误采，又不取"砩""硠"二条，莫喻其故。

趡，鸟趡超也。(《文选·舞赋》注。可宝案：任据补。又引江郑堂曰："即'辵'部'逾'字也。")

案：《选注》本作"鸟趡跳也"，《考逸》误为"殟殁"字，训说详《校误》。

迟，邱亦翻。(《史记索隐》。可宝案：曾据补。)

案：此条《考逸》据俗本《索隐》误作"曲，邱欲反"，说详《校误补》。

鞞，小鼓也。(《文选·潘岳赠陆机诗》注。可宝案：曾据补。)

案：此条已附入《考逸》"鼓"部"鼙"字下。

鬻，淖糜也。(《尔雅释文》。可宝案：曾据补。)

案：此条《释言篇》。《考逸》已附入"米"部"粥"字下。

鹲。(辽僧行均《龙龛手鉴》。可宝案：曾据补。引曰："'鹲'，《字林》作'㲃'。")

案：《龙龛手鉴》卷三中，"鹲"，《字林》作"鹲"，下"鹲"字乃"䳡"字之误，与《广韵》引《字林》同。《考逸》已有。《手鉴》下文又引"'鹑'，《字林》作'䳡'"，不误。

臛，肉羹也。(《尔雅释文》。可宝案：曾据补。又引江郑堂曰:"《说文》作'脽',正字。")

案:此条见《释器篇》。《考逸》已附入"脽"字下。

柢,碓衡。(《集韵》。可宝案:曾据补。又曰:"引作'柢'字,从氏,误。")

案:此条《考逸》依原引作"柢",曾校改为"柢",诸氏误谓为曾氏所补。

椹,竹心翻。(《后汉书•志》。可宝案:任据补。)

案:此条见《后汉书•李固传》注,原注"志"字误。原文云:"《字林》:'铁,椹礩也。'礩音质;椹,竹心反。"下两音均非《字林》文。

穛,积也,同畜。(《文字辨正》。可宝案:任据补。)

案:《文选•高唐赋》"《字林》:穛,积也(《考逸》已有),与畜同",后三字乃李善语。毕沅《经典文字辨证》卷五割"同畜"二字为《字林》文,误。任氏又为毕氏所误耳。

窭,空也。(《后汉书注》。可宝案:曾据补。曰:"《初学记》引作'贫空也',疑此脱'贫'字。"又案:任征君曰:"《苍颉篇》:'无财备礼曰窭,从穴,不从宀。'《邶风》《尔雅》亦并从穴。")

案:此条见《后汉书•桓荣传》注,《考逸》已附入"窭"字下,但失注异文耳。

偾,甫刃反。(萧该《汉书•扬雄传》音义。可宝案:此原引之遗,故据补。)

检官本《汉书》所载萧该《音义》有此音,不云出《字

·《字林补本》存疑· 171 ·

林》。

襡，复襦也。（《广韵》。可宝案：曾据补。又曰："原本误入'襞'字下，考自一字也。"）

案：此条《考逸》误附"襞"字下，曾校改之，是也。诸氏以入补本，误。

祇。（孙步升辑京房《周易复卦章句》。可宝案：曾据补。曰："祇，安也。"下注云："案吕忱《字林》从衣作袛①。"）

案：祇安之祇，无缘从衣。孙氏名堂，乾嘉间人，不应得见《字林》，不知其何所据也。

庭，徒丁反。（《尔雅音义》。可宝案：曾据补。）

遍检《尔雅音义》，无此文。《释天》释文引《字林》"霆，徒丁反"，《考逸》已有。

嘮，音劳。（《文选·啸赋》注。可宝案：曾据补。）

说见前"嘈"字条。

貓，音曼，狼属。（《尔雅音义》。可宝案：任据补，下同。）

貋，雌貉。（同上。）

案：《尔雅·释兽》释文"獌"本亦作"貓"，《字林》云云，"貈"字又作"貋"，《字林》云云。《考逸》于《释文》《众经音义》等书，大书某字，下注"亦作""或作"。乃引《字

---

① "袛"，原作"祇"，今据文意改。

林》者,皆从大书之字,而以"亦作""或作"之注于旁。此二条《考逸》在"犬"部,任氏误复。

猣,楚良犬也。(《四书征》。可宝案:曾据补。又引江郑堂曰:"《广雅》犬属'楚黄'注:'楚有犬名如黄。''黄'字又作'猣'。")

案:《四书征》,明王征撰,今未见其书。明人不应得见《字林》,他书亦无引此文者,存以俟考。

甀。(《广韵》。可宝案:原书从"甈",误,曾据改正,从"垔"。)

案:如诸说常校改原书,不当列入补本。

竑,音纪,又音诡。(《尔雅释文》。可宝案:任据补。又曰:"'庪',本或作'庋',又作'竑',同。居委、居伪二反,与本书二音合。"王石臞《广雅疏证》:"竑,载也。庪、庋并同。")

遍检《释文》,无此条,乃《史记·梁孝王世家》索隐引。《考逸》已有,在"支"部,盖任文田本移入"立"部,引《尔雅释文》"'庪',本或作'庋'"云云证之(见《释天》释文)。诸氏误采入补本,而以《尔雅释文》为出处,又以所引《释文》语为任氏语,误矣。

恻,恻呷内悲也。(《文选·琴赋》注,任据补。)

案:《琴赋》注引《字林》"懊呷,内悲也"。《考逸》已有。所见各本《文选注》均无作"恻呷"者,不知任氏何所据。

汋水出阳城山。(《水经注》。可宝案：曾据补。又曰："汋当从夕，字之误也。")

案：此条见《水经注》二十二。原作"勺水"。《考逸》已有。

濞，水暴至声。(《文选·高唐赋》注。可宝案：曾据补。)

案：此条《考逸》已有，在"澎"字条下，惟失注，此引无"澎"字。

渚，口恰、口劫二反，**羹汁也**。(宋郭忠恕《佩觿》。可宝案：曾据补。又曰："字从月，非是。《玉篇》与"湿""洿"为类，盖初训幽湿，假借为肉汁耳。")

案：《佩觿》无此条，此见《仪礼释文》引。《考逸》列"肉"部，曾氏以为即《说文》"渚"字，改列"水"部，而以《佩觿》从"肉"为非，诸氏误为曾据《佩觿》补也。

汆，人在水上为汆，人在水下为氽。(《字林撮要》。可宝案：任据补。)

案：明梅膺祚《字汇》引《字林撮要》文如此。《字林撮要》不知何时何人，要非吕忱《字林》也。

揃，子善反。(《晋书音义》。可宝案：曾据补。)

案：此条《考逸》误作"擑"，说见《校误》。

捣，直舂曰捣。(《丹铅总录》。可宝案：曾据补。又曰："《玉篇》《广韵》《集韵》，尚无'捣'字。《隶释·冯焕诏》'捣毂'云，'捣'即'擣'。然则从岛，乃后人所加。吕书元从鸟声,《说文》岛亦鸟声,书'岛夷',《史记》《汉书》并作'鸟夷',《群经音辨》'鸟,当老切',可证。")

案:"搗"俗字,《字林》不应先《篇》《韵》而有,训亦浅俗。杨氏好杜撰古书,所引不为典要。

搔,施罥于道也,一曰以弓罥鸟兽也。(《集韵》。可宝案:曾据补。)

案:《集韵》"彄"重文"搔",引《字林》云云,《考逸》已引作"彄",是也。曾氏以《集韵》重文为《字林》本字,不知何据。

戮,音辽。(宋宋庠《国语补音》。可宝案:任据补。)

案:此条《考逸》引作"勠",从《补音》大书之字也,非遗漏。

虰,音丁。(《尔雅·释虫》释文。可宝案:原引未及,故据补之。)

案:此条《考逸》作"打",从《释文》大书之字也,非遗漏。

螪,急读为螪,缓读为蜥蜴。(《尔雅补义增补》。)

案:翟灏《尔雅补郭》云,《字林》作螪,急读云云,后二句乃为翟氏语也,曾氏误。

蠠。(《尔雅释文》。可宝案:原引未及,《释文》"蠠"字下云:"《说文》《字林》从蚰作蠠。"故据补。)

案:旧本《释文》从蚰,误作从"虫",故《考逸》附载"虫"字下,卢校已改正,说详《校误》。

《字林补本》存疑 · 175 ·

蠚，虫行毒也。（同上。）

案：此条《考逸》已附见"螫"字条下。

陶，大牢翻，音桃。（《国语补音》。可宝案：任据补。）

案：《补音》云，復陶，《字林》"復"作"蝮"，下音桃。音桃非《字林》文，任氏误。大牢反，乃《众经音义》引《字林》文。《考逸》已有，补本误复。

乾，本音虔。（《龙龛手鉴》。可宝案：曾据补。）

案：《龙龛手鉴》卷四下引作"字样"，非"字林"。

𩸩，虫名。（《龙龛手鉴》。可宝案：曾据补。又曰："疑即'离'之讹形。"）

案：《龙龛手鉴》卷四下，𩸩、离误文，《字林》虫名则行均，所引仍"离"字训（《手鉴》卜部亦引"离"训），非《字林》有此讹字也。

孩，小儿笑也。（《文选·寡妇赋》注。可宝案：任据补。）

案：此条《考逸》误作"薮"字，训说详《校误》。

补本录《说郛》者二十二条，不具列。

原载1937年《重光月刊》第1期

《字林考逸补遗》序

苏州局刻《字林考逸》后附陶编修方琦补本,其中兼存任氏兆麟、曾氏钊所补凡八十余事,而重复误屚几居其半,所署据书不详,篇目且多增易,原文亦失传信之义。又《说郛》所载,鄙浅猥陋,决非吕书,既不辨而收之,乃仅取其二十之一,尤未喻其何故。诸大令可宝编附陶本,不为核正,其所自补十余事,仍不免于讹复。《考逸》校勘既竣,因取是编,刊落伪文,重加编次。复从《齐民要术》等书,采出诸家未引或虽引而有详略同异者,随条补入。益以钱大令保塘校本所引数事,都为一卷,排比钞录,三写而定。较之旧本,粗觉改观,用附刊之,备治小学家之甄采。至删去各条,有复见者,有误引他书为《字林》者,有滥及明以来展转裨贩之书浅俗叵信者,且有任、曾本不误而诸氏编录误之者。检之原书,乖违易见,必加击难,未免繁芜,故略论之,不复别为辨正焉。光绪丁酉仲冬,成都龚道耕识。

原载光绪丁酉成都龚氏裹馨精舍本《字林考逸补遗》

《字林考逸校误》序

任氏是书,有初印本,有改刻本,两本间有小异,而讹脱略同。钱堤江、诸璞斋虽为校订,不无遗漏。暇日,因据所见书续加检核,兼采两家,改讹补脱,得数十事,录以为《校误》一卷。其原书所引即讹或任氏编辑舛漏者,虽仍旧文,亦附论之。诸家著述有涉及《字林》文句异同者,并采一二,以备考核。广州刻任文田、曾冕士补正本,今未见,篇中所引悉从诸校本录出云。光绪丁酉孟冬,成都龚道耕识。

原载光绪丁酉成都龚氏裛馨精舍本《字林考逸校误》

《说郛字林附录》跋

右附录《说郛》本《字林》一卷,其书略与《玉篇》后附之《分毫字样》及《干禄字书》《佩觿》等相似,与诸书所说《字林》体例悬殊,观其首题宋吕忱,盖别一人一书,而人名、书名皆与崧令溷耳。任文田采入《考逸》,殊嫌杂糅,今别为录出,庶使武夫球璧两不相掩。其第四叶二十行"颖"字,当在十九行"颍"字上;"拣"字移在第五叶"楝"字下;第五叶"龟"字下有脱字;第叶[①]"斑"字注"驭文",当为"驳文";"肜"字音阙,当是"琛"字;十二叶十五行阙一字,当是"旺"字;第十三叶"旦",当为"曟"字或"晨"字。以无他本可校,姑仍之。丁酉冬,向农录毕记。

原载光绪丁酉成都龚氏裒馨精舍本《字林考逸附录》

---

① 据文意,似有缺字。